ein Ullstein Buch

ÜBER DAS BUCH:

Der erfolgreiche Reiseschriftsteller Richard Katz hat mit diesem Buch seinem deutschen Boxer Nick und allen Hunden ein liebenswürdiges Denkmal gesetzt. Es ist nicht nur eine amüsante Erzählung, die in die Form eines Briefwechsels zwischen dem in Brasilien beheimateten Boxer und dem in der Schweiz seßhaften Scotchterrier Seppli gekleidet ist, sondern eine kluge Einführung und Anleitung für alle, die sich einen Hund zum Hausgenossen wählen. Humorvoll betrachtet Richard Katz sich und andere Zweibeiner aus der Hundeperspektive, und am Ende wird dem Leser klar, daß unsere Vierbeiner nicht uns, sondern wir ihnen gehören . . .

»Richard Katz hat in seinen zahlreichen Reisebüchern immer den Tieren einen besonderen Platz eingeräumt. Hier aber hat er die Vierbeiner aller Rassen und Mischungen erst literarisch salonfähig gemacht. Von solch hoher Position aus grüßen sie uns Menschen gnädig und mit freundlichem Geknurre.« *(Frankfurter Allgemeine Zeitung)*

DER AUTOR:

Richard Katz, als Sohn eines Journalisten am 21. Oktober 1888 in Prag geboren. Jura-Studium an der Karls-Universität in Prag. Redakteur am *Prager Tagblatt*; Prager Korrespondent der *Vossischen Zeitung*, später Sonderberichterstatter in aller Welt. 1928–1930 Prokurist der Ullstein AG, Berlin. 1933 Emigration in die Schweiz, 1941 nach Brasilien. Autor vielgelesener Reisebücher (*Ein Bummel um die Welt*), Jugend- und Tierbücher. Richard Katz starb am 8. November 1968 in Locarno.

Richard Katz

Von Hund zu Hund

ein Ullstein Buch

ein Ullstein Buch
Nr. 406
im Verlag Ullstein GmbH,
Frankfurt/M – Berlin

Ungekürzte Ausgabe

Umschlagentwurf:
Hansbernd Lindemann
Mit Genehmigung des
Albert Müller Verlags,
Rüschlikon-Zürich

Printed in Germany 1986
Gesamtherstellung:
Ebner Ulm
ISBN 3 548 00406 7

Oktober 1986
153.–157. Tsd.

Vom selben Autor
in der Reihe der
Ullstein Bücher:

Spaß mit Hunden (547)

WIE ES DAZU KAM

Zürich, zu Ostern

Lieber Freund,

vielen Dank für Ihren Brief! Bei uns geht alles seinen gewohnten Gang. – Nein, ich mag nicht mehr! Wie oft haben wir einander das schon geschrieben! Zum Ermüden oft ...

Was sonst aber soll ich Ihnen schreiben? Daß wir wieder Föhn haben und ich die Migräne erwarte, die er mir bringt? Wenn mein Brief ankommt, wird sie sowieso vorbei sein.

Brasilien ist so weit und Sie leben schon so viele Jahre dort, daß unsere Briefe zur Schablone werden. Selbst Seppli, der neben mir sitzt, blinzelt verschlafen. Schriebe er ..., es klänge lebendiger. Ihm ist jeder Tag frisch. Ja, schriebe er ...

Warum eigentlich nicht? Wenn wir einander nichts Rechtes mehr zu schreiben haben, lassen wir es unsere Hunde tun! Sie Ihren Nick und ich meinen Seppli. Das gäbe frisches Blut in unser mattes Fernsein. Ja, versuchen wir, Dolmetscher unserer Hunde zu sein!

Den nächsten Brief erwarte ich also von Ihrem Boxer an meinen Scotchterrier.

Herzlich und stets *Ihre Cori*

1 Boxer Nick stellt sich vor

In einer Garage bei Rio de Janeiro

Lieber Seppli,

hoffentlich hast Du einen besseren Menschen als ich! Meiner hat mich wieder einmal in die Garage gesperrt, weil ich die charmanteste Hündin des »Alto da Boa Vista« besucht habe.
Was kann denn *ich* dafür, daß sie hinterm Wald auf der anderen Seite des Berges wohnt?
Oft, wenn ich zu ihr wollte, fingen mich fremde Menschen ab und schleiften mich zu meinem zurück. Schuld daran ist *er*, weil er dafür auch noch zahlt! Das hat sich im ganzen Wald herumgesprochen, und wenn jetzt ein Vagabund Geld braucht, fängt er einfach *mich* und schleppt mich zu meinem Menschen zurück.
Ja, ich habe ein schweres Leben, und hätte ich meinen Menschen nicht so lieb: ich wäre ihm längst davongelaufen.
Wie dumm er ist, kannst Du Dir nicht vorstellen!
Einmal erwürgt er mich fast vor Angst, weil ich mit einer hübschen dicken Schlange spiele, die mit dem Schwanz klappern kann, und ein andermal schlägt er mich, weil ich das Pfund Kalbsfilet esse, das der Fleischer auf *meinen* Küchenboden abgestellt hat. Weißt

Du, was er sagt? »Mit einem idiotischen Kind hätte ich weniger Plage!« Dabei habe ich die goldene Medaille vom Kennel-Club in Rio mit dem Prädikat »Vorzüglich«!

Du hast das Blaue Band vom Terrier-Klub in Zürich, und deshalb lasse ich Dir von Haus zu Haus schreiben.

Meine Freundin überm Berg hat nichts Goldenes und nichts Blaues, aber sie riecht besser als alle Medaillen und Bänder zusammen!

Jetzt ist gewiß *»Rolf«* bei ihr und das ganze Pack von Waldhunden, die nicht einmal einen Namen haben! Ich aber sitze in der Garage, und die Tür ist verriegelt!

Es ist zum Heulen mit so einem Menschen, und so heule ich denn. So hoch ich kann, heule ich, weil ihm das besonders zuwider ist.

Wenigstens war ich *zuerst* bei ihr!

Diesmal habe ich mich nicht fangen lassen!

Geschnappt habe ich den Mulatten, der mich am Halsband fassen wollte. Mein Mensch hat ihm ein Paar neue Hosen bezahlen müssen, und dabei waren die alten schon vorher zerrissen.

Dafür sitze ich jetzt in der Garage und heule. Menschen sind so unvernünftig! Deine auch?

Aber zwei Tage war ich *doch* bei ihr und drei Nächte, und weggebissen habe ich den Rolf! Ein halbes Ohr fehlt ihm jetzt, und mir nur ein Stück Nackenfell, das sowieso nachwächst.

Wie hungrig das macht! Was, meinst Du, hat er mir hereingestellt? Einen Napf dünne Reissuppe, Geschlabber ohne Fleisch! Dazu hat er geknurrt: »Damit du auf andere Gedanken kommst!« Auf was für Gedanken? Auf Menschengedanken? Pfui, die kenne ich!
Ja, hoffentlich hast Du einen besseren Menschen als ich! Meiner ist verrückt. Einmal schimpft er mit mir, weil ich den Teetisch umwerfe (nur, weil ich darunter geschlafen habe und aufstehe – was kann ich dafür, daß ich größer bin als der Tisch!) und ein andermal gibt er mir eine Wurst dafür. Da hat er auf dem Tisch Schach gespielt, mit dem Nachbar, der dem Rolf gehört. »Braver Nick«, hat mein Mensch gelobt, »anders war die Partie nicht zu retten!«
Jetzt kost er im Garten mit der Arara *»Rachel«*, so einem hochnäsigen großen Papagei. »Du mauserst schon wieder, du Arme?« sagt er ihr ganz zärtlich. »Warte nur, du bekommst *noch* schönere Federn!«
Und sie gackert, daß sie *nicht* mausert, sondern daß ich ihr die Schwanzfedern ausgerissen habe (weil sie immer so tut, als ob mein Mensch ihr gehöre); aber er versteht ja nur die paar Worte, die sie ihm in der Menschensprache nachplappert, und daß ich sie gerupft habe, gehört nicht dazu.
Menschen sind dumm wie blinde Welpen. Nicht einmal riechen können sie. »Nick!« brüllt mein Herr zum wer weiß wie vielten Male – und riecht nicht, daß ich hinter ihm stehe.

Man darf *nie* gleich kommen, wenn der Mensch ruft; das macht ihn nur eingebildet. Meinen Menschen habe ich jetzt so erzogen, daß er erst beim achtenmal die Peitsche sucht.

Dressiere Deinen Menschen wie ich, lieber Seppli! Dressur ist wichtig. Ich arbeite an meinem schon das sechste Jahr, und immer noch macht er Fehler. Wie jetzt, da er mich in die Garage gesperrt hat. Aber ich verliere die Geduld nicht; denn ich habe ihn lieb, dumm wie er ist. Wenn einer meinem Menschen etwas zuleide täte: ich würde ihn *zerreißen*! Ihn aber beiße ich nicht, auch wenn er mich anknurrt, denn ich habe ihn lieb. Anders lieb als die Hündin hinterm Berg, aber dauernd. Deshalb erziehe ich ihn.

Merke Dir das, Seppli, für *Deine* Menschen und sei freundlich bewedelt und berochen vom

Boxer *Nick*

Scotchterrier Seppli hat auch seine Sorgen

Auf dem Sofa einer Villa am Zürichberg

Lieber Nick,

ein ganzes Pfund Kalbsfilet – ich bewundere Dich! *So* viel ginge nicht in mich hinein!
Auch gibt unser Metzger das Fleisch bei der Köchin ab. Sie kocht es dann. Leider mit Grünzeug! Das mischt sie so durcheinander, daß ich nicht darum herum essen kann.
Eigentlich habe ich drei Menschen: den sie-Menschen, den er-Menschen und die Köchin.
Kannst Du Dir vorstellen, wie schwer *ich* es habe? Als einziger Hund mit *drei* Menschen! Da habe ich viel zu dressieren. Jeder glaubt, ich gehöre ihm, und ich kann ihnen nicht beibringen, daß sie alle drei mir gehören.
Dabei sind sie auch noch eifersüchtig aufeinander.
Bin ich mit der Köchin freundlich, wenn sie die Fleischplatte hinausträgt, sagt mein sie-Mensch: »Er ist zu dick – verwöhnen Sie ihn nicht!«
»*Ich?*« fragt die Köchin. »*Sie* haben ihm Ihr halbes Kotelett gegeben. Da soll er nicht dick werden . . .«
»Er ist nicht dick, das ist nur Fell«, sagt mein er-Mensch und faßt hinein, daß es weh tut. »Getrimmt muß er werden!«

Auch das noch! – Du bist ein Boxer und hast ein glattes Fell. Was können sie Dir schon antun? Bürsten und baden, das ist alles. Bürsten kratzt ganz angenehm, und Baden – gewiß, Baden ist abscheulich. Auch wenn der Mensch aufpaßt und einem keine Seife in die Augen schmiert oder an die Nase: man riecht nachher so widerlich sauber.

Aber Trimmen ist ärger! Da zupft mir eine Frau die Grannenhaare in Büscheln aus. Wie weh das tut! Und ich kann und kann es meinen Menschen nicht abgewöhnen, daß sie mich zu ihr bringen! Was nützt es, daß ich mich verstecke? Sie finden mich. Unterm Gartenhag habe ich mich schon durchgewühlt, um davonzukommen. Aber drüben hat mich der Nachbarhund gepackt – so ein alberner Windhund mit ganz langen Beinen und nichts im Kopf – und mich ärger gezaust als die Trimmerin.

Ich habe ihn ins Bein gebissen – höher hinauf komme ich nicht –, und er hat gejault. Da ist der Nachbar gelaufen gekommen und hat geschimpft, und mein er-Mensch ist angesprungen und hat sich entschuldigt, weil es nicht *mein* Grundstück war, sondern das vom Windhund.

Dann hat der Mensch vom Windhund gesagt: »Es macht nichts, Herr Nachbar«, und sie haben einander die Hand geschüttelt, aber ich habe ihnen angerochen, daß sie einander lieber gebissen hätten; so wütend waren sie.

Wenigstens konnten mich meine Menschen damals nicht trimmen lassen, weil ich Bisse hatte und voll Blut war. Aber der Windhund hat noch lange gehinkt. Wie selbständig Du bist, Nick! Wirklich, ich bewundere Dich. Zwei Tage und drei Nächte von zu Hause weg! Wenn ich nur eine Weile im Keller bin, Mäuse jagen, gleich geht das Geschrei los: »Seppli! Seppli!« – »Hast du Seppli nicht gesehen?« – »Du hast wieder die Tür offengelassen!« – »*Du* hast gesagt, du willst auf ihn aufpassen!«

Ich lasse sie schreien. *Du* kommst, wenn man Dich zum achtenmal ruft: ich komme überhaupt nicht. Darin habe ich sie gründlicher dressiert, obzwar ich nur vier Jahre lebe.

Jetzt erst hat mein sie-Mensch verstanden, daß ich an *keinem* Baum vorbei will, ohne ihn zu markieren.

»Wo du das nur alles hernimmst!« wundert sie sich. Ich teile es mir eben ein. Lieber ließe ich mich erwürgen, als an einem Baum vorbeizerren. »Jeden zweiten nur!« hat sie mich oft gebeten, aber bei der Dressur muß man fest bleiben; deshalb ziehe ich sie manchmal noch an einen zurück, den ich schon berochen hatte.

Mein er-Mensch geht nicht so oft mit mir aus, weil er ins Büro muß.

Von dort bringt er mir oft etwas mit, aber heimlich, weil die andern sagen, daß ich zu dick werde.

Menschen sind komisch!

Wenn mein sie-Mensch eingeladen wird, tut sie ein

Butterbrot-Papier in die Handtasche und bringt mir darin die Reste.
Die Köchin steckt mir Kuchen zu, wenn es welchen gibt und niemand dabei ist. Aber davon sagen sie nichts, sondern werfen einander vor, daß ich dick bin.
Mir soll es recht sein. Was sonst habe ich vom Leben als das bißchen Essen? *Du* läufst einer großartigen Hündin nach. Aber *ich*? Mich bringen sie »zum Decken« – zur selben Frau, die mich trimmt. Dort wartet schon eine Hündin auf mich – immer und ewig eine Scotchhündin mit Stammbaum –, und ich hätte so gern einmal eine Blonde! Aber nein, die Scotchhündin muß ich decken, die mich langweilt. Weil ich doch das Blaue Band habe. Ist das noch *Liebe*, frage ich Dich?
Ach, ich wollte, ich hätte gar kein Band, kein blaues und kein Halsband und wäre ein freier Hund wie Du! Du kommst ja doch aus der Garage hinaus und machst dann, was Du willst.
Hätte ich meine Menschen nicht *so* lieb – ich wühlte mich unterm Waldzaun durch und jagte Hasen. Wir haben einen feinen Wald am Zürichberg, aber Hunde müssen an der Leine bleiben, weil es dort Rehe gibt.
Ich mache mir nichts aus Rehen. Doch einen Hasen jagte ich gern. Den kriegte ich schon, der hat auch keine längeren Beine als ich. Roh schmeckt er gewiß am besten. Gebraten kenne ich ihn schon. Habt ihr Hasen, wo Du lebst? Mein er-Mensch sagt, dort gibt es Affen. Wie schmecken sie? Ich habe nur die in Käfigen gerochen.

Jetzt klappert die Köchin mit meinem Napf. Es ist Essenszeit, und ich muß schließen.
Alles Gute, lieber Nick, und zeige Deinem Menschen den Herrn! – *Ich* habe drei auf dem Hals . . .
Geschnuppert, gewedelt und – Du weißt schon:

Dein Freund Scotty *Seppli*

Lieber Seppli,

mein Mensch hat mir Deinen Brief vorgelesen. Nach dem Abendessen. Dann spricht er nur mit mir; dazu wenigstens habe ich ihn erzogen. Sonst macht er bloß dummes Zeug am Schreibtisch und brummt, wenn ich an der Tür kratze. Zwischendurch beim Lesen hat er geseufzt wie ich, wenn er Huhn ißt, ohne mich kosten zu lassen. »Aus Europa, Nick . . .«, hat er geseufzt. »Ja, aus Europa . . .« (Wo immer das sein mag: ich bin in Brasilien geboren und wünsche mir nichts Besseres.) »Paß auf, Nick«, hat er gesagt, »der Brief kommt von *Doña Cori,* die den Seppli hat, das ist eine sehr charmante Frau, und gescheit ist sie auch.« Damit meint er Deinen sie-Menschen.
Statt mir zu sagen, wie *Du* aussiehst und wie gescheit *Du* bist! So eingebildet sind die Menschen. Nur an *sich* denken sie, und wir können sie nicht ändern. Nur ein wenig besser machen können wir sie.
»Die den Seppli hat«, sagt er . . .
Ich habe gegähnt, so weit ich kann – und mein Maul ist breit –, aber glaubst Du, er hat sich verbessert: »Die der Seppli hat?« Woher! »Paß auf, wenn ich mit dir spreche«, hat er geknurrt, »auch wenn du mich nicht verstehst.«

So dumm ist er, daß er nicht einmal weiß, *wie* gut ich ihn verstehe. Besser als er mich. Weil unsereins nicht spricht, glaubt er, wir denken nicht. Wie kommt das zu dem? Sprächen auch wir: das Geschwätz nähme kein Ende.

Mein Mensch spricht nicht so viel wie andere – da solltest du unsere Köchin hören! –, aber er redet immer noch eine Menge Dummheiten. Mehr noch als unsere alberne rote Arara, die Rachel heißt, mehr sogar als unser grüner Papagei, der immer dasselbe Lied singt und dabei immer an der gleichen Stelle steckenbleibt. »*José*« heißt er, und ich will nichts gegen ihn sagen, weil er wenigstens Respekt vor mir hat. Wenn ich in den Garten komme, klettert er auf die höchste Bananenstaude. Er ist immer in den Bananen, wenn sie reif werden.

Ich möchte wirklich wissen, warum ich meinen Menschen lieber habe als einen Hund. Er versteht mich so gar nicht ... Sogar Ziegen verstehen mich besser, besonders die weiße, die mit der Bettlerin lebt. Mit der spiele ich gern. Anfangs hatte sie Angst vor mir; aber jetzt sind wir befreundet, und wenn ihre Frau bei uns Kaffee bekommt, rast sie mit mir im Garten herum. Nur wenn sie ein Zicklein hat, wird sie böse und zeigt mir die Hörner. Dabei will ich dem Zicklein gar nichts tun. Kinder habe ich gern. Sogar die Menschenkinder, die mich plagen.

Aber Du hast nicht nach Ziegen gefragt und nicht nach

Menschenkindern, sondern nach *Affen.* Die sind wie Menschen, nur *noch* alberner. Im Wald hinterm Garten gibt es eine Menge. Dort schwatzen sie auf den Bäumen wie die Gäste meines Menschen, wenn sie den dritten Whisky-Soda in sich haben. Manche Affen sind klein wie Ratten und pfeifen nur. Aber die großen schnattern wie Menschen. Einmal habe ich ein Rudel Schnatteraffen vom Boden aufgestöbert. Vor Angst sind sie so verrückt herumgesprungen wie mein Mensch damals, als ich mit der Schlange spielte, die mit dem Schwanz klappern kann.

Die Affen kennen mich eben nicht, habe ich gedacht und das Bein am nächsten Baum gehoben. Aber denkst Du, die hätten es auch getan? Woher! Nicht die Spur von Benehmen haben sie. Eine Schande für die Tiere sind sie. Fast wie Katzen. Nun, wenigstens kratzen sie nicht. Aber wie die Katzen sind sie auf die Bäume geklettert bis oben hinauf. Ich habe mich auf den Bauch gelegt und gewedelt, damit sie sehen, daß ich mit ihnen spielen will. *Das* wenigstens versteht mein Mensch. Die Affen nicht. Oben haben sie die Zähne gebleckt. Als ob ich *davor* Angst hätte. Ihr Leitaffe war nicht größer als ein Pudel, und mit dem würde ich leicht fertig. Auf den Bäumen schnatterten sie und ließen mich unten wedeln. Dummes Volk!

Mein Mensch hat mir einmal vorgelesen, daß sie die Urahnen der Menschen sind, und dabei mit dem Kopf gewackelt, als glaube er es nicht. Aber wenn ich mir so meinen Menschen betrachte: von etwas Besserem *kann* er nicht abstammen. Daß ich ihn trotzdem liebhabe, hält er für *sein* Verdienst. Wir, lieber Seppli, wissen es besser: es ist Schicksal.

Eines also ist wichtig, Seppli: wir dürfen die Menschen nicht noch in ihrem Aberglauben bestärken, daß sie etwas Besseres sind. Wir müssen ihnen zeigen, *wer* der Herr ist.

Da ist doch unlängst eine junge Menschin vom Haus gegenüber gekommen. So was wie siebzehn Jahre ist sie (das ist bei Menschen jung!).

»Senhor Ricardo«, hat sie gesagt und Augen dazu gemacht, wie ich, wenn er zu Mittag Braten ißt und ich zwar schon gegessen habe, aber nur Lunge. »Senhor Ricardo, darf ich Ihr Hündchen spazierenführen?«

Mein Mensch hat sie so liebevoll angeblinzt wie sonst die blöde Arara und mich nur selten.

»Doña Ursula«, hat er gesagt, »Nick ist zu stark für Sie.«

»Der?« fragt sie und tätschelt mir den Kopf. »Das Hündchen ist doch sanft wie ein Lamm! Bitte, bitte, lassen Sie mich ihn spazierenführen!«

Ich liege da und wedle mit dem Stummel, der mir übriggeblieben ist, seit mit der Schwanz gestutzt worden ist. Ich verzeihe meinem Menschen, daß er mir fast den ganzen Schwanz hat abschneiden lassen und die halben Ohren dazu; aber es war eine grausige Sünde.

Spazieren gehe ich gern, also wedle ich und lecke der

Jungmenschin die Hand. *Hündchen* hat sie gesagt, denke ich dabei. Hündchen hat sie mich genannt! Einen Boxerrüden, der es mit einem Jaguar aufnehmen kann – und der soll das stärkste Tier im ganzen Lande sein. Warte nur! denke ich, ich will dir schon zeigen, *wie* sanft bin ich! Aber ich schwatze nicht, und da sie nicht wittern kann, weiß sie nicht, was ich denke. Unsereins hätte es mir längst angerochen.

»Wenn Sie glauben, daß Sie mit ihm fertig werden ...«, zögert mein Mensch, und ich wedle und krieche zu ihr hin und denke immerzu: Warte nur, mich wirst du nie wieder Hündchen nennen!

»Borgen Sie mir ihn«, bittet sie nochmals. So schmal ist sie wie eine junge Windhündin, und blonder als ich.

»Auf Ihre Verantwortung!« willigt mein Mensch schließlich ein.

»Die übernehme ich gern!« ruft die Jungmenschin fröhlich, und mein Mensch gibt ihr die Leine und die Peitsche dazu: »Lassen Sie ihn ja nicht los, sonst läuft er über den Berg zu seiner Hündin, und ich kann zusehen, wie ich ihn wiederbekomme!«

»Seien Sie unbesorgt, in einer Stunde bringe ich ihn zurück«, beteuert die Ursula.

Ich wedle immerzu und lege ihr die Pfote in den Schoß und denke dabei: Ich will dir schon zeigen, was für ein Hündchen ich bin ...

So sind wir also losgezogen, in den Wald hinein, und anfangs war ich ganz so, wie mein Mensch mich haben will. »Manierlich« nennt er das – *ich* nenne es verlogen. Wenn aber *er* die Peitsche hat, tue ich wenigstens so und zerre ihn nur wenig. Bergauf hat er das sogar gern, da läßt er sich ziehen; bergab aber läßt er die Peitsche schwippen, wenn ich galoppieren will. Menschen sind so egoistisch! Nachher wundert er sich, wenn ich ausreiße, um *mein* Tempo zu laufen.

Bei der Ursula merke ich gleich, daß sie mit der Leine nicht Bescheid weiß und mit der Peitsche schon gar nicht. Die hat sie sich über den Arm gehängt.

Als wir richtig im Wald waren, habe ich sie bergauf gezogen und gar nicht gespürt, daß sie hintendran hing. Was wiegt die schon! Und ihre Kraft! Zum Lachen, sage ich Dir.

So halbwegs auf dem Hang habe ich einen Goldhasen gewittert – eine ganz frische Fährte.

Ich hinterdrein, und sie mir an der Leine nach. Sie hat gekeucht und ist gestolpert, aber die Leine hat sie nicht losgelassen. Das hatte sie meinem Menschen versprochen.

»Nicki-Hündchen«, hat sie gefleht, »sei doch artig, bitte, bitte!« Und dabei hat sie gekeucht, weil sie keinen Atem mehr hatte.

»Hündchen« hatte sie gesagt! knurre ich mir zu und kreuze der Fährte nach, quer durch den Stachelbambus. Ich habe ja meinen Pelz und spüre nicht viel. Schrammt es auch mal: was macht's? – Sie aber hat nur ihr dünnes Kleidchen und bloße Arme und Beine. »Au!« win-

selt sie und »O weh!« Daß sie die Peitsche mithat, daran denkt sie nicht mehr, die Dumme! Wie wir den Berg wieder hinunter sind, keucht sie schon: »Bestie!«
Siehst du, Seppli: *so* erzieht man Menschen. »Bestie« ist keine Beleidigung für einen Boxerrüden, eher ein Lob. Aber »Hündchen« lasse ich mir nicht gefallen. »Warte nur, das sage ich Herrchen«, drohte sie, wie sie wieder bei Atem ist.

Sage, was du willst, denke ich, erst der Goldhase! Zu meinem Menschen kommen wir noch früh genug ... Unten im Wald aber habe ich den Goldhasen nicht mehr riechen können – er war wohl über den Bach hinüber oder hatte einen Haken geschlagen, das kann er. Mit Goldhasen hat man es schwer; die sind schlau. Er mag so was sein wie Eure Hasen, von denen Du schreibst; auch er hat kurze Beine. Aber eine Menge Verstand! Zeit meines Lebens habe ich nur zwei erwischt, und ich gehe schon ins sechste Jahr! Dabei frißt er nur Grünzeug; ich möchte wirklich wissen, *was* ihn so schlau macht.

Also: der Goldhase war weg – und da konnte ich ebensogut nach Hause. Mittagszeit war es sowieso, und mein Mensch ißt pünktlich. Ein Mensch eben, der nicht einmal weiß, daß man ißt, wenn man Hunger hat. Nein, er guckt nach der Uhr und sagt: »Zwölf Uhr, Doña Marta, wo bleibt das Mittagessen?« Und Doña Marta, die unsere Köchin ist – eine Negerin, schwarz wie meine Schnauze –, jault: »Senhor Ricardo, das Fleisch ist noch nicht weich!« Aber mein Mensch sagt: »Dann bringen Sie es, wie es ist. Ich will *pünktlich* essen!« Denk mal, Seppli: nicht, wenn er Hunger hat, will er essen und nicht, wenn das Fleisch gut ist, sondern wenn die Uhrzeiger oben aufeinanderstehen!

Ein *Mensch* eben – was ist da zu machen ...

Unsereiner ist praktischer. Unsereiner ißt, wenn er Hunger hat, und wenn er keinen hat und Essen da ist, ißt er auch: auf Vorrat. Denn wer weiß, wann man wieder was bekommt ...

Weil also Essenszeit ist, laufe ich den Bergweg hinunter, so schnell ich kann, und reiße die dünne Ursula hinter mir her. Bald stolpert sie auf der Erde, bald fliegt sie durch die Luft – *»Hündchen«* hat sie gesagt!

Schon sehe ich meinen Menschen im Vorgarten die Hände überm Kopf zusammenschlagen und höre ihn brüllen: *»Nick!!!«* Brüllen kann er wie ein Brüllaffe mit Kehlsack. Ich, mit der Ursula an der Leine, zu ihm hin.

»Himmel!« stöhnt er, wie er die Ursula sieht, die hinter mir herfliegt wie der Papierdrache hinterm Nachbarbuben, der blonde Zopf hinter ihr her wie ein Drachenschwanz. »Bist du toll geworden?!« brüllt mein Mensch und sonst noch Gemeines. Ich schäme mich für meinen Menschen. Wenn *er* toll ist, glaubt er, *ich* bin's!

»Du Sohn einer Hündin! Du ...! Du ...!« hat er geflucht. Ich will es ihn lieber nicht schreiben lassen, *was* er alles geflucht hat, sonst schämt er sich zu sehr.

Nur die erste Selbstverständlichkeit mag er schreiben – denn was sonst soll ich sein als der Sohn einer Hündin? Auch Deinetwegen wiederhole ich es nicht: ich weiß nicht, wie Ihr in Europa schimpft; vielleicht sind Dir die brasilianischen Flüche zu stark.

Wie die Ursula hinter mir ankommt, schlägt er vom Großgebell auf einmal ins Winseln um – so unberechenbar sind Menschen. Ja, gewinselt hat er wie ich damals in der Garage.

»Ursula, Sie armes Kind!« winselt er. »Wie Sie aussehen! Ganz blutig! Und Ihr Kleidchen ...« Freilich, das sah aus wie die Arbeitsschürze unserer Köchin.

»So ein Aas!« ächzt die Ursula – und auch das war mir lieber als »Hündchen«. Aas riecht fein. Wenn ich eins finde, wälze ich mich darin.

»Ich habe Sie doch gewarnt«, winselt mein Mensch. »Ich habe Ihnen doch gesagt, auf *Ihre* Verantwortung ...«

»Ganz zerkratzt bin ich, und sehen Sie mein neues Kleid an!« kläfft die Jungmenschin ganz hoch.

»Verzeihen Sie«, winselt mein Mensch, als ob er auf dem Bauch zur Peitsche kröche. »Ich hätte es nicht zugeben dürfen. Der Lump ist unberechenbar! Warten Sie, ich hole Jodtinktur!«

»Auch fürs Kleid?« maunzt die Jungmenschin, so von oben herab, als ob mein Mensch ihr gehöre. Das aber leide ich nicht, und darum gebe ich ihr einen Ruck, daß sie die Leine fahren lassen muß.

»Ich lasse Ihnen ein neues machen«, winselt mein Mensch.
»Danke«, murrt sie, »das können *wir* uns auch noch leisten.«
»Seien Sie doch nicht böse«, winselt mein Mensch.
Ich weiß nicht, was sie noch gesagt hat und er, weil ich inzwischen an meinen Napf gegangen bin. Mein Mensch wäre imstande gewesen und hätte mir ihn weggenommen. Nur weil ich der Jungmenschin gezeigt habe, daß ich kein »Hündchen« bin. Meinetwegen eine Bestie und ein Aas – aber kein Hündchen! Ganz rasch habe ich mein Mittagessen heruntergeschlungen.
Bevor er mich in die Garage einsperren konnte, war ich schon fertig mit dem Napf. Nicht schlecht: er war voll Rinderherz und Nudeln, und der Spaziergang hatte mir Appetit gemacht. Nur den Knoblauch hätte er weglassen sollen, aber nein, der ist »gut gegen Würmer«, sagt er.
Jetzt bin ich wieder in der Garage eingesperrt – wer weiß, warum? – und habe Zeit für Dich, lieber Seppli. – Was sonst soll ich tun in meinem Gram.
Laß mich bald wissen, was *Du* treibst und wie *Deine* Menschen sich benehmen. Die sind gewiß vernünftiger als meiner. Dümmer können sie gar nicht sein.
Es wedelt und hebt das Bein – justament über die Whisky-Flaschen, an die er so oft herangeht –

Dein Freund *Nick*

BALLETT

Lieber Nick,

Du glaubst, meine Menschen sind klüger? Da irrst Du aber sehr!
Meine tun nur so, als ob sie klug wären. Was *ich* denke, was *ich* leide, was *ich* liebe – nichts riechen sie davon! Wahr, sie sperren mich nicht in die Garage, und sie schlagen mich nicht. Weil ich doch klein bin. Dafür haben sie hundert »Du sollst nicht!« und »Du darfst nicht!«, die ein starker Hund wie Du verachten kann. Mich aber haben sie in der Hand.
Was meine Menschen nicht und nicht verstehen wollen, ist, daß auch ein *kleiner* Rüde seinen Stolz hat und nicht nur gestreichelt sein will. Hündinnen sind anders, gewiß. Ein rechter Rüde aber weiß sowieso, daß seine Menschen ihn gern haben. Mich brauchten sie doch nicht *immer* zu tätscheln!
Schimpft Dich ein Mensch »Hündchen«, läßt Du ihn durch die Luft sausen wie einen Drachen – ein guter Vergleich übrigens, ich habe ihn gleich verstanden, weil die Buben auch bei uns Drachen steigen lassen. Freilich nur im Herbst, und jetzt ist doch Frühling!
Ach, Frühling ist es, der Schnee im Garten ist schon geschmolzen; nur die Berge sind noch weiß.
Wenn meine Menschen die Skier wachsen, um dorthin

zu fahren, wo noch Schnee liegt, weiß ich schon, daß sie mich nicht mitnehmen. »Es ist zu kalt für dich«, sagen sie – und dabei bin ich in Schottland geboren, wo es noch kälter ist als in der Schweiz; deshalb habe ich ja einen ganz dicken Pelz.

So dumm sind sie: weil ich klein bin, behandeln sie mich wie ein nacktes Menschenkind. Was wissen denn die, wie ich mich nach Bergschnee sehne! Aber nein, ich muß im Hause bleiben, das sie ekelhaft warm heizen. Noch jetzt im Frühling stellen sie die Heizung nicht ab, die blöden Menschen!

Im Frühling lassen sie mich wenigstens in den Garten, sooft ich will. Im Winter nur eine Stunde! Und selbst dann schreien sie unablässig: »*Nicht* in den Schnee!« und »Du wirst dich erkälten!« und »Denk an die Teppiche!«

Die Teppiche sind mein Gram: bunte Fetzen auf dem Fußboden. Wenn ich mich darauf erbreche, ist der Teufel los. Als ob Erbrechen eine Schande wäre! Die schämen sich übers Natürliche. Ißt man mehr, als in einen hereingeht, gibt man es einstweilen von sich und ißt es nachher nochmals. Aber glaubst Du, sie lassen es so lange liegen, die dummen Menschen? Nein, sie schaffen meinen Vorrat gleich weg und stellen sich wer weiß wie an vor Ekel.

Naturfremd sind sie! Kratze ich mir mal Flohbisse – ich frage Dich, wer von uns hat *keine* Flöhe? –, gleich baden sie mich und pudern sie mich mit ekelhaftem

Zeug aus einer Dose. Ich stinke danach, daß mir sogar *»Ali«* aus dem Weg geht, und der ist doch mein Kamerad; ein freundlicher Airedale-Terrier von gegenüber (nur tut er, als ob ich eine Hündin wäre – und das ist wieder *zu* freundlich).

Gar erst, wenn meine Menschen merken, daß ich Würmer habe! Was ich da schlucken muß! Du würdest es nicht für möglich halten. Vorher lassen sie mich einen ganzen Tag hungern und passen auf, daß mir die Köchin nichts anderes gibt als Knoblauch in Milch. So arg lassen sie mich hungern, daß ich selbst *das* esse! So was nennt sich Freund! Dabei sind Würmer angenehm. Ich hatte einmal einen Bandwurm, der ganz vergnüglich kitzelte, wenn er heraushing. Aber nein, sie gaben nicht eher Ruhe, bis sie mir ihn abgetrieben hatten. Was ich damals durchgemacht habe! Und er war wirklich ein liebes Tier.

Ja, unnatürlich sind die Menschen. Du weißt, wie gut ein kräftiger Geruch schmeckt. Mache ich aber einen, gleich reißen sie die Fenster auf und schimpfen mich: »Du Schweinchen!«

Was wissen denn die von Gerüchen, verbildet wie sie sind!

Vor dem Natürlichen ekeln sie sich, aber sie selber – ich könnte Dir Sachen erzählen. Mein sie-Mensch spritzt sich sogar mit einem Wasser an, das nach *Blumen* stinkt . . .!

Daß Menschen eine grobe Nase haben: dafür können

sie nichts. Schlimmer ist, daß selbst ihr Rest von Riechen pervers ist. Was stinkt, das riecht ihnen gut, aber vor einem würzigen Geruch ekeln sie sich. Sie sind eben unvollkommene Tiere, und nur weil sie dumm sind, halten sie sich für besser. »Schweinchen!« schimpfen sie mich, wenn ich ihnen was Gutes zu riechen gebe. Sie aber . . .

Wenn meine Menschen Gäste haben und nach dem Essen die er-Menschen für sich rauchen und trinken: *die* erzählen sich Geschichten! Und die sie-Menschen im Zimmer nebenan sind nicht besser, kann ich Dir bellen. Nur wenn sie beisammen sind, tun sie wie blinde Welpen.

Als sie unlängst beisammen waren, hat einer Gedichte vorgelesen. Wie der »Liebe« ausgesprochen hat! Als wüßte er nicht, wo die Kinder herkommen. Und wie er dabei geglotzt hat! Als ob die Liebe eine Hammelkeule wäre mit allem Fleisch daran.

Immerhin: auch von dem habe ich etwas gelernt: Verse machen. Man kann von allen lernen, sogar von Menschen, die »Lie-ie-be« jaulen.

Nachher haben sie getanzt bis in die Nacht hinein, und auch davon habe ich gelernt.

Und Spaß gehabt! Ich bin so klein, daß sie mich vergessen, wenn ich unterm Tisch liege und das Tischtuch so tief herunterhängt wie immer, wenn sie Gäste haben (weil sie das für besonders fein halten).

Eine Menschin hatte ihre Sealyham-Hündin mitgebracht. »Weil ich sie gerade jetzt nicht allein lassen kann, Sie verstehen«, hat sie der meinen gesagt, und die hat erst nachdenken müssen, bevor sie es verstanden hat. Als wäre es nicht zu riechen gewesen . . .

Geduftet hat sie! Eine bezaubernde Hündin. Die schönste, der ich je begegnet bin: ganz weiß bis auf einen schwarzen Fleck auf der Hinterbacke. Schlappohren hatte sie, nicht so gewöhnliche Stehaufohren wie ich und die Scotch-Hündinnen, die ich decken muß. Und ein Benehmen hatte sie: das Feinste vom Feinen.

»Was erlauben Sie sich?« hat sie geknurrt (aber leise, damit die Menschen es nicht hören), als ich sie unterm Tisch abschnüffelte. »Glauben Sie, ich bin so eine?« und ist vor mir davongekrochen (aber nur langsam und nicht unterm Tisch hervor). Die Menschen haben getanzt, und wir – du kannst es Dir vorstellen. So eine Chance läßt man sich nicht entgehen . . .

Wie sie dann neun Wochen später geworfen hat, waren zwei Junge weiß, zwei schwarz und eines gescheckt.

Die Menschin der Hündin hat gewinselt, als sie es meiner erzählte: »So eine Schande! Ich habe sie doch rasserein decken lassen, vom Rüden ›Rio‹, der einen Stammbaum hat wie ein Johanniter-Ritter. Wie war *das* nur möglich? Sagen Sie es ja niemandem weiter!«

Mein er-Mensch hat vor Lachen geschrien, wie sie es ihm doch erzählt hat. »Der Seppli – der ist aber frech!« Und mein sie-Mensch hat gekichert: »Und sie weiß nicht einmal, *wie* es möglich war . . .«

Ich bin dabei vor ihnen gesessen und habe mich hinterm Ohr gekratzt; denn etwas verlegen war ich doch. Da hat mein sie-Mensch auch schon gerufen: »Du hast Flöhe, Seppli; du mußt gebadet werden!«

Siehst Du: so sind die Menschen. Denken sie mal an was Vernünftiges – schon lenkt jede Kleinigkeit sie ab. Unsereiner ist stetiger.

Haben *wir* eine Spur, bleiben wir mit der Nase auf ihr, solange wir können. Du hast zwar den Goldhasen nicht gekriegt, als Du mit der Ursula Drachen spieltest; aber daß er einen Haken geschlagen hat, war nicht Deine Schuld. Du bist auf seiner Fährte geblieben, solange Du konntest. Menschen tun das nicht. Wenn wir Hunde nicht wären, sie holten nie einen Hasen ein – geschweige denn einen Goldhasen!

Im Grunde ist das gut für uns. Hätten die zu ihrer Heuchelei auch noch unsere Ausdauer: es wäre überhaupt nicht mit ihnen auszuhalten.

Jetzt aber habe ich Dir so vieles berichtet, daß ich mich nicht länger um ein Geständnis herumdrücken kann: seit es Frühling ist, sehne ich mich so sehr nach der feinen weißen Sealyham-Hündin, daß ich – dichte . . .

Knurre nicht deswegen, sondern hebe Dein Bein bei glattem Rückenhaar. Bedenke: ich bin so viel unter Menschen, daß ich mich an ihren Narreteien angesteckt habe. Auch wirkt ja der Frühling auf Hunde wie auf Menschen.

Immerzu muß ich an die helle kleine Hündin denken,

der ich Welpen gemacht habe, und das stimmt mich zum Heulen poetisch.
Gestern hat ihr sie-Mensch erzählt, daß die Welpen umgebracht wurden – »in den Hundehimmel geschickt«, hat sie das genannt, die Heuchlerin. Das kommt noch hinzu: denn zum Dichten gehört auch Leiden. Selbst wenn es ein lustiges Dichten ist.
Also schicke ich Dir, lieber Nick, ganz im Vertrauen das Gedicht, das mir Frühling und Sehnsucht und Trauer eingegeben haben. Knurre nicht – hier ist es:

Ein Ballett

Schauplatz: Eine hasenduftende Waldwiese. Von rechts tritt Bamba auf, eine bezaubernde Sealyham-Hündin, ganz in Weiß mit einem schwarzen Fleck auf der Hinterbacke. – Während sie schelmisch hüpft, kommt von links aus dem Walde Seppli, ein Scotch-Terrier, und bellt kräftig sein Auftrittslied.

SEPPLI:
Ich bin ein rüder Rüde
Ich bin ein rüder Rüde
Und ganz gewiß nicht prüde;
Doch liegt mir im Gemüte,
Auch meiner Mutter Güte.
Das Frühlingsduft-Getriebe
Treibt mich mit Macht zur Liebe . . .
(sich schnüffelnd unterbrechend):
Welch charmante Blondine?? Darf ich mich nähern?

Bamba, die ihn längst gerochen hat, hüpft weiter, als höre und rieche sie nichts, und japst dabei:

BAMBA:
Hier bin ich endlich menschenfrei!
Hop-hop-hop und eins-zwei-drei!

Seppli nähert sich der Hündin so intim, daß sie ihn beim besten Willen nicht mehr übersehen kann.

BAMBA *(tut erstaunt):*
Ach, ist es möglich, ein fremder Hund . . .
Wie kräftig duftet er aus dem Mund!

SEPPLI *(selbstbewußt):*
Alle echten Hunde
Stinken aus dem Munde!

BAMBA *(mit sanftem Vorwurf verbessernd):*
Alle echten Hündchen
Duften aus dem Mündchen . . .

SEPPLI *(tanzend):*
Alle echten Hunde,
eins-zwei-drei,
Stinken aus dem Munde,
eins-zwei-drei!
Ballett! Ballett!

BAMBA *(weiterhüpfend):*
Alle echten Hündchen,
eins-zwei-drei,
Duften aus dem Mündchen,
eins-zwei-drei!
Ballett! Ballett!

SEPPLI *(hinter ihr hertanzend):*
Die Luft ist warm und traulich,
Und du riechst fein und fraulich!

BAMBA *(im Hüpfen innehaltend und sich, zwar gesittet, doch langsam, zurückziehend):*
Was wollen *Sie* von mir,
Sie schwarzes Zotteltier . . .?

SEPPLI *(schmachtend):*
Das wirst du schon erraten!
Du riechst wie Hasenbraten . . .

BAMBA *(flink, doch ohne überzeugende Schärfe nach ihm schnappend):*
Halt ein! Das muß ich rügen!

SEPPLI *(stürmisch):*
Du hast dich mir zu fügen!

BAMBA *(schmelzend):*
Was treibst denn du für Sachen . . .

SEPPLI *(vollbeschäftigt):*
Ich will dir Welpen machen!

BAMBA
Und wie es *mir* dann geht?

SEPPLI
Dafür ist's jetzt zu spät!

BEIDE (eng umschlungen tanzend):
Ballett! Ballett
Wie ist die Liebe nett!

So, das ist *meine* Poesie. Auch wenn sie Dir nicht gefällt, wirst Du wenigstens nicht darüber gackern wie die Menschen, wenn sie »lachen«.
Von hinten bis vorn grüßt Dich freundschaftlich

Dein verliebter *Seppli*

3 Vom Essen

Lieber Seppli,

nein, was Du alles kannst! Sogar dichten! Welch fades Grünzeug sind gegen Dein Ballett all die Gedichte, die mein Mensch mir abends vorliest. In denen ist kein Fleisch. Nur Grünzeug. Da niese ich und kratze mich, und mein Mensch seufzt: »Hölderlin für Nick!« oder »Rilke für Nick!«

Glaubst Du, die dichten über die Liebe wie Du: »Ich will dir Welpen machen«? Und darauf kommt es doch an.

Woher! Die machen hundert Worte für Deine fünf, weil sie immer wieder von der Fährte abspringen und Blumen beschnüffeln statt dessen, was sie wirklich wollen.

Du hast helle Hündinnen lieber? Ich finde, dunkle duften kräftiger. Nun, das ist Geschmackssache, die *wir* gelten lassen, während die Menschen ganze Bücher darüber schreiben.

Hier in Brasilien gibt es weiße Menschen, schwarze Menschen, braune und gelbe, doch von ihrer Farbe läßt sich nicht auf ihren Charakter schließen. Meine Köchin ist schwarz wie ein Rattler und kocht sehr gut, mein Mensch ist fleischfarben wie ein mexikanischer Nackthund – »weiß« nennen das die Menschen – und kocht miserabel. Als die Köchin krank war, hat *er* gekocht: Du kannst Dir kaum vorstellen, was für einen Fraß! Rohes Fleisch ist gut und gebratenes Fleisch ist gut, aber das Huhn, das er gebraten hat, war außen verbrannt und innen roh. Er selbst hat es nicht heruntergebracht. Also hat er es mir ganz gegeben und ist ins Wirtshaus gegangen. So gern ich sonst Huhn esse: die Hälfte habe ich stehenlassen müssen. Schlecht gebraten war es und so versalzen, daß ich hernach einen halben Eimer Wasser trinken mußte.

Bei den Menschen verstehen also die Dunklen mehr vom Essen, und bei uns Hunden sind sie mir auch lieber. Die Blonden haben freilich auch ihre Reize. In unserem Bezirk ist eine falbe Hündin, die schwenkt ihre Hüften – wie Honig sage ich Dir.

Honig kennst Du doch? Mein Mensch kauft ihn im Kloster, wo die Bienen ihn hinbringen, und wenn er ihn auf die Buttersemmel gießt, tropft mir das Wasser aus dem Munde.

»Du Sau«, knurrt mein Mensch, wenn er sein Frühstück ißt und ich die Schnauze auf seinem Knie habe, und wirft mir die halbe Honigsemmel hin, um mich loszuwerden. Aber damit wird er mich nicht los, und eigentlich will er das auch nicht. Genau rieche ich ihm an, daß er es gerne mag, wenn ich ihm nahe bin.

»Schon wieder hast du mich vollgesabbert!« schilt er, und ich muß rasch schlucken, um auch die andere Hälfte herunterzubekommen. Dann schmiert er sich eine neue

Semmel, und von der bekomme ich wenigstens den letzten Bissen.
Sabbern bringt etwas ein, wenn man dabei den Kopf aufs Knie des Menschen legt. Meiner faltet zwar die Serviette darüber, aber bei Honig oder bei Markknochen habe ich sie rasch durchgesabbert. Dann kommt nur noch die dünne Leinenhose und gleich die Haut.
Mit der ist er sehr empfindlich, weil er ja kein Fell hat. Nicht einmal auf dem Kopf hat er noch welches. Deshalb habe ich ihn mit einem mexikanischen Nackthund verglichen. Ich kenne alle unsere Rassen vom Kennel-Klub her, wo er mich jedes Jahr ausstellt.
Hunde-Ausstellungen sind widerwärtig. All das Striegeln und Einreiben vorher! Dabei schwindeln die Menschen, damit wir »rassig« aussehen. Meiner auch. Er klebt mir vorher die eine Ohrspitze fest, die nicht so aufrecht steht, wie sie sollte.
Im Klub langweilt man sich dann stundenlang in einer Box, riecht und sieht hundert andere Hunde, kann aber nicht an sie heran, weil man festgeleint ist.
Nimmt mich mein Mensch endlich ins Freie, so hält er mich kurz an der Leine, damit ich nicht zu den Hündinnen laufe. Nein, vor den »Richter« zerrt er mich, in den »Ring«. Dort soll ich laufen oder stehenbleiben oder das Maul aufreißen, wie der Richter es will. Mein Mensch bekommt Angstgeruch, daß er mir leid tut, und katzbuckelt dabei vor dem Richter wie sonst vor niemandem. Denn sonst ist er eher grob.

Ja, eine Goldmedaille, wie ich sie habe, will schwer verdient sein.
»*Nie* wieder mache ich das mit!« belfert er, wenn er sie eingesteckt hat.
Aber das nächste Jahr ist es wieder das gleiche. »Junghunde«, »Junioren«, »Senioren« – ich habe durch alle Klassen durchmüssen.
Es ist wie mit dem Sabbern: er tut, als grause ihm davor, aber im Grunde hat er es gern. Wenn Besuch kommt, zeigt er nicht seine Bücher – spricht man von denen, schämt er sich eher –, sondern meine Diplome und die Goldmedaille.
Bei Gästen hilft Sabbern nicht immer. Einmal hat er ihnen Spanferkel vorgesetzt, und als er damit fertig war, habe ich mich neben die Menschin gesetzt, die mir sonst immer schöntat. Sie kommt öfter als die andern, manchmal auch allein, und hat mir auch schon Schokolade mitgebracht.
Schokolade schmeckt fein, fast wie Honig. Wir haben immer welche im Hause, aber sie ist in einer Schachtel, die mein Mensch in den Schrank einschließt. Die Köchin ißt sie nämlich auch gern.
Diese Besucherin also hatte ein Kleid an, das die andern Menschinnen sehr lobten, obzwar ihnen der Neid anzuriechen war. Es war ein rotes Kleid, oben ganz kurz und unten ganz lang und mit so vielen Falten im Schoß, daß ich tüchtig habe sabbern müssen, um bis zur Haut zu kommen.

»Es ist aus Paris, und ich trage es heute zum erstenmal, Ricardo zu Ehren«, hatte sie gerade gesagt und den Mund dabei so klein gemacht, als hätte sie Schokolade darin. Gleich aber hat sie ihn weit aufgerissen und ist hochgesprungen, als hätte ein Holzbock sie angebohrt.

»Verdammtes Vieh!« schrie sie und roch dabei wie tollwütig. »Ganz naß hast du mich gemacht! Das Kleid ist hin!« Aber es war nur naß von Sabber.

Mein Mensch ist auch hochgefahren, das Gesicht so rot wie ihr Kleid. »Es geht heraus, Doña Immaculata, glauben Sie mir, es geht heraus!« hat er gejapst. »Mit warmem Wasser geht es bestimmt heraus!«

Unsere Negerin ist um warmes Wasser gesprungen, und er hat Benzin geholt, weil im Sabber noch etwas vom Spanferkel war, das er mir unterm Tisch zugesteckt hatte. Alle waren aufgeregt und haben durcheinandergebellt, als ob ich ihnen das ganze Spanferkel weggegessen hätte.

Nun, ich weiß, wie Menschen sind, und als die Negerin mit dem warmen Wasser kam, bin ich gleich zur Tür hinaus in den Garten. Dort habe ich mich im Bananenbusch versteckt. Was nachher geschah, weiß ich also nicht.

Am nächsten Morgen beim Fühstück war mein Mensch wieder ruhig und hat nur geseufzt: »Du hast dich wieder ausgezeichnet, Nick!« Wenn seine Wut vorüber ist, kann er ganz manierlich sein.

»*Die* bin ich also los«, hat er hernach gejault und ist zum Tablett gegangen, auf dem die Whisky-Flasche steht.
Ich habe getan, als ob ich ihn nicht verstünde. Dabei kratze ich mich mit dem Hinterbein hinterm Ohr, wo die jungen Flöhe sitzen. Die alten wissen Bescheid und bleiben auf dem Kreuz, wo ich nicht hinlangen kann, so schnell ich mich auch drehe. – »Tanz nur, du kriegst sie doch nicht!« lacht mein Mensch, wenn ich das mache. Ein dummer Mensch eben, der nicht weiß, daß einem stets die Hoffnung bleibt, die Flöhe auf dem Kreuz totzubeißen, auch wenn es tausendmal mißlingt!
Gut also, ich kratze mich hinterm Ohr, und er schenkt sich Whisky ein und ruft: »Eis, Doña Marta!«
»Vor dem Frühstück?« fragt sie und tut dabei so angeekelt wie er, wenn ich an Pferdeäpfeln lecke (nur des Gewürzes wegen; ich esse sie nicht).
»Jawohl, vor dem Frühstück«, knurrte er und gießt noch mehr Whisky ins Glas. Wie er das Eis hat, schluckt er sich satt, wischt sich den Mund ab und sagt ganz freundlich: »Also, *die* bin ich los, Nick, und das ist vielleicht ganz gut so. Eigentlich sollte ich dir eine Wurst dafür geben ... Satt gehabt habe ich sie sowieso, und gekostet hat sie auch eine Menge.«
Wirklich, er holt eine Wurst aus dem Gefrierschrank, klein zwar, aber besonders gut *vor* dem Frühstück. Dabei hat er so zufrieden gerochen wie damals, als ich ihm die Schachpartie umgeworfen hatte.

Ja, so sind die Menschen, hätte er mich *gleich* erwischt: er hätte mich in die Garage gesperrt. Geschlagen hätte er mich nicht. Nein, das macht er nicht vor anderen Menschen; da würde er sich schämen.

Überhaupt: sein Schlagen! Damit ist es nicht weit her. Macht man die Hinterbacken steif, spürt man es kaum, auch wenn er sich anstellt, als wolle er einen totschlagen. Mit der Zeit lernt man, selbst das zu vermeiden: man muß nur aufpassen, von wo die Peitsche kommt, und den Hintern nach der andern Seite schwenken. Mit der einen Hand muß er mich ja am Halsband halten, wenn er schlägt, denn so dumm bin ich nicht, daß ich sitzen bleibe, wenn er nach der Peitsche greift. So fest, wie er kann, schlägt er sowieso nicht zu, dafür hat er mich zu lieb. Fast so lieb, wie ich ihn habe – denn ganz so lieb kann er mich unmöglich haben. Sonst würde er mich besser behandeln.

»Sabbern solltest du wirklich nicht soviel«, hat mein Mensch nur noch gesagt, als wir endlich beim Frühstück saßen und ich seine Serviette durchgespeichelt hatte. »Na, da hast du noch eine Honigsemmel; du hast sie dir verdient . . .«

So ist also alles gut ausgegangen, lieber Seppli, wenn auch nicht *so* gut wie bei Dir und der Sealyham-Hündin. Ich gratuliere! Ein Glück, daß Du so klein bist. Bei mir wäre der Tisch umgefallen.

Noch was zu Deinem Brief: Du schreibst vom Frühling, aber hier ist Herbst. Das kommt, sagt mein Mensch, von den »umgekehrten Jahreszeiten«. Er hat sich auch lange darüber gewundert, aber jetzt ist er es gewohnt. Einmal, als er die Post las, hat er gejammert: »Die haben jetzt Schnee in Europa, und hier kommt man um vor Hitze!«

Was ist Schnee, Seppli? Auch Du nennst ihn. Wie riecht er? Ich kann mir nichts darunter vorstellen. Und was sind Skier? Kann man sie essen? »Weiße Berge . . .«, seufzt mein Mensch. Hier sind die Berge nicht weiß. Grün sind sie. Selten einmal rot. Dann ärgert sich mein Mensch: »Die verdammten Caboclos brennen wieder den Wald ab. Jetzt kommen die Schlangen zu uns herunter.«

Ich weiß nicht, was er gegen Schlangen hat. Im Walde gibt es viele, und sie sind ganz zutraulich. Sie heben den Kopf und zischeln einem freundlich zu.

Auch zu Hause haben wir eine. Mit der spiele ich. Aber nur heimlich, sonst schlägt mein Mensch sie mit der Peitsche tot wie die damals, die mit dem Schwanz klappern konnte. Die Arme! Ihr Kopf hat noch in die Luft geschnappt, und ihr Schwanz hat noch gezuckt, während mein Mensch sie eingegraben hat. Die Schlange, mit der ich spiele, wohnt im Ausguß vor der Küche. Dort ist es immer kühl und naß. Deshalb kommen die Kröten hin, und die frißt sie. Zwar kann sie nicht mit dem Schwanz klappern, aber dafür sehr schnell schnappen mit ihrem dicken Kopf. Fix hat sie eine Kröte am Hinterbein und schlingt sie mit Genuß herein.

Ich gönne es den Kröten! Denen ist nicht zu trauen.

Weil sie der Schlange schmecken, wollte auch ich eine versuchen. Zum Kater! Wie hat die Kröte gebrannt! Schlimmer als der Pfeffer, den mein Mensch ins Haus gestreut hat, als ich noch Welpe war und nicht ins Zimmer machen sollte. Du weißt ja: erst schnuppert man, und dann macht man seine Sache. Wenn mir beim Schnüffeln der Pfeffer in die Nase gekommen ist, habe ich mich lieber im Garten hingehockt, wo keiner war. »Siehst du, so ist es recht«, hat mein Mensch mich gelobt, als ich vor Niesen fast geplatzt wäre, aber es war nicht recht von ihm, einen kleinen Hund so zu quälen. Ich wäre auch ohne das stubenrein geworden.

Der Pfeffer damals hat gemein gebrannt, aber die Kröte brannte noch gemeiner. Wie Feuer brannte sie. Der Schaum stand mir ums Maul, so verätzt war es.

Dumm wie er ist, hat mich mein Mensch auch noch ausgelacht: »Du willst dich wohl rasieren lassen, Nick«, hat er gelacht, als er den Schaum sah. »Kröten beißt man nicht, merk dir das! Kröten sind nützlich. Sie fressen die Moskitos und die Tausendfüßler und die jungen Schlangen auch.«

Den ganzen Tag habe ich damals nicht essen können, so hatte mir die miserable Kröte Zunge und Lefzen zugerichtet. Darum freue ich mich, sooft die Schlange eine erwischt. Wenn die Kröten junge Schlangen fressen, ist es nur gerecht, daß die alten Schlangen *sie* fressen.

Nein, unsere Hausschlange verrate ich nicht, und er

findet sie auch nicht, dazu ist sie zu schlau. Sie kommt nur heraus, wenn er schläft. Bei Tag bleibt sie im Ausguß, und nachts fängt sie Kröten. Mich kennt sie gut, denn ich besuche sie, bevor ich auf meine Schlafdecke gehe. Dann ringelt sie sich zusammen und hebt den Kopf hoch. Ich tue, als ob ich sie packen wollte, und sie tut, als ob sie mich schnappen wollte, aber das ist nur Spaß, und Bewegung ist gut für die Verdauung.

Sie ißt mir nichts weg, und ich esse ihr nichts weg: das ist die beste Beziehung. Besser als zwischen Hunden, die ihre Knochen voreinander vergraben, oder zwischen Menschen, die ihre Schokolade voreinander verstecken.

Wenn ich dann in der Veranda auf meiner Schlafdecke liege, fällt mir so manches ein, das mir die Stirn krauszieht. Sieht mich mein Mensch so, wenn er einmal spät nach Hause kommt, fragt er wohl: »Nick, philosophierst du?«

Wollte ich reden, würde ich ihm antworten: »Klüger als du!« Aber unsereins weiß, wohin Reden führen. Sehen wir es nicht an unseren Menschen? Wir Tiere haben mehr Erfahrung, weil unser Geschlecht um vieles älter ist als das der Menschen. Deshalb halten wir das Maul. Laß sie schwatzen! denken wir und bellen nur oder heulen.

Alles Gute, lieber Seppli! Es ist Vollmond, und ich muß heulen.

Mußt auch Du heulen, wenn der Vollmond scheint

oder wenn die Glocken läuten? *Ich* muß! Huh-hau-huh!
Von weither heult Dich an

DeinFreund *Nick*

Von Maus, Katze und Schnee

Lieber Nick,

diesmal kann ich Dir nur kurz antworten, denn ich habe toll zu tun.
Mäuse über Mäuse muß ich jagen. Ich jage sonst gern Mäuse, aber nicht, wenn ich *muß*.
Wir waren in Sommerferien, und nun sind sie überall: in der Garage, im Weinkeller, sogar in der Küche! Daß wir weg waren, hat sich das Gesindel zunutze gemacht.
»Eine Katze sollten wir haben«, hat die Köchin gesagt. »Ja, eine Katze gehört ins Haus!«
Eine Katze! Daß mich der Schinder kriege! Ich hasse Katzen. Als ich klein war, hat mir eine fast die Augen ausgekratzt. Noch jetzt juckt die Narbe. Und ich hatte nur mit ihr spielen wollen!
Allen Hunden, die ich kenne, ist es so ergangen. Immer hat die Katze angefangen. Von vornherein haben wir

nichts gegen Katzen. Aber die ziehen den Rücken krumm, so wie sie uns sehen, und spucken und kratzen. Was bleibt uns übrig, als sie zu beuteln – wenn wir sie einholen können. So richtig im Genick muß man sie packen. Doch wie selten glückt das!
Katzen kratzen; keine Lebensart haben sie. Nicht einmal das Bein heben sie, sooft ich es ihnen auch vorgemacht habe. Entweder klettern sie so hoch, daß ich nicht nachkommen kann, oder sie kratzen.
Nun soll gar eine ins Haus, wo ich ihr nichts tun darf. Was zum Haus gehört, darf man nicht beißen.
Stell Dir vor, wie ekelhaft das wäre: Tag und Nacht eine Katze um sich haben ... Nein, das darf nicht sein! Da muß eben *ich* Mäuse jagen bis zum letzten Schnaufer. Wenn ich mit den Mäusen nicht fertig werde, kommt eine Katze ins Haus! »Meinetwegen eine Katze«, hat mein er-Mensch gebrummt, »wenn nur die Mäuse aufhören.« Mein Stammvater in Schottland bewahre mich! Den Mäusen mach *ich* den Garaus. Deshalb kann ich meinem sie-Menschen nicht viel für Dich zur Post geben.
Kurz also: Du willst wissen, was *Schnee* ist. Den kennst Du nicht? Er kommt doch jeden Winter. Das Weiße ist es, das vom Himmel fällt, wenn es kalt wird. Manchmal liegt der Schnee höher als meine Beine; dann muß ich springen. Voriges Jahr hat er sogar dem albernen Windhund bis an den Bauch gereicht, und der hat sehr hohe Beine.

Weich ist Schnee, weicher als unser Sofa, und kühl. Sonderbar, daß Du ihn nicht kennst. Weil die Menschen nicht so springen können wie wir, fahren sie auf schmalen Brettern über ihn weg; die nennen sie »Skier«. Meine Menschen fahren auch so auf dem Schnee, nur die Köchin nicht.

Sind meine Menschen zum Skifahren fort, murrt die Köchin: »Hoffentlich brechen sie sich die Beine! Noch Geld ausgeben für kalte Füße! Die sollten mal arbeiten müssen wie ich, dann blieben sie zu Hause, statt sich eine Grippe zu holen!«

Aber meine Menschen brechen sich die Beine nicht, und eine Grippe bringt nur mein er-Mensch mit; mein sie-Mensch bloß Schnupfen. Den bekommt sie aber auch ohne Skier. Jetzt hat sie ihn wieder. Deshalb geht sie nicht mit mir spazieren; aber das macht nichts: mitkommen könnte ich doch nicht, weil ich Mäuse fangen muß. Sonst kommt eine Katze ins Haus. Da wäre mir selbst eine von Deinen Kröten lieber!

Hopp, auf die Jagd!

Gestern habe ich zwei in der Garage totgebissen und eine im Keller, heute leider noch keine. Sie haben Angst bekommen und bleiben in ihren Löchern. Aber ich kriege sie schon noch. Ich lauere ihnen auf. Heraus müssen sie doch zum Essen. Vorwärts! In der Waschküche raschelt es wieder. Frisch auf die Jagd!

Viel Spaß und Fleisch wünscht Dir

Dein abgehetzter Freund *Seppli*

4 Ich soll ein Jaguar sein . . .

Lieber Seppli,

ich bin schon wieder in der Garage! Eingesperrt! Unschuldig wie immer.
Es ist schlimmer, gar nichts zu tun zu haben, als zuviel wie Du. Ich wollte, ich könnte wenigstens Mäuse jagen, aber unsere wohnen im Haus, weil es in der Garage nichts zu essen gibt, nur Whisky-Flaschen sind dort und Gerümpel und die Ständer der Papageien. Nicht einmal ein Auto steht darin, in das ich mich legen könnte. Autos haben weiche Kissen, aber der Boden der Garage ist harter Zement. Ach, *wie* hart ist er!
Mein Mensch hat kein Auto. Er sagt, er mag keines, aber ich denke, er ist zu geizig dazu. Wenn er es wirklich nicht mag, warum läßt er sich dann von seinen Freunden in die Stadt fahren?
Daß er kein Auto hat, damit hat der Jammer angefangen. Wir wohnen weit draußen, und zu Fuß käme er nicht in die Stadt, auch wenn er den halben Tag liefe. Hoch wohnen wir dazu, auf dem Bergpaß oben im Walde. Wenn Gäste kommen, wundern sie sich: »Sie wohnen ja im Urwald!«
»Lassen wir sie dabei, Nick«, hat er mir gesagt, als sie wieder fort waren. »Urwald klingt so romantisch. Dabei ist es noch keine dreißig Jahre her, daß hier

Kaffee gepflanzt wurde. Erst seit der Boden nicht mehr taugt, hat man ihn wieder dem Wald gelassen. – Die schwatzen von Urwald! von hundertjährigen Bäumen . . . Städter eben – was wissen denn die!«

Aber ob Urwald oder nicht: *Wald* ist es, dicke hohe Bäume, Bambus, Kaktus und Vögel und Affen und Schlangen. Nur zuwenig Goldhasen sind darin, und gerade auf die bin ich scharf.

Zwei Faultiere habe ich auch schon ausgemacht. Aber sie kommen nicht zu Boden, sie kriechen nur oben in den Wipfeln herum, und klettern kann ich nicht. Sonst kriege ich sie gewiß, denn sie klettern langsam, die langen krummen Krallen um die Äste und den zottigen Rücken zum Boden. Groß sind sie wie Schäferhunde, nur ihr Kopf ist klein wie von einem Mops. So langsam sind sie, daß ihnen Grünes im Pelz wächst. Zu faul sind sie, es wegzukratzen.

Doch ich schweife ab: ich wollte Dir doch berichten, warum ich wieder in der Garage bin.

Siehst Du, das kommt davon, wenn man nichts zu tun hat. Dann wechselt man von einer Spur auf die andere hinüber, wie wenn man hinter Affenwitterung her ist und die eines Goldhasen zugeweht bekommt. Weitschweifig wird man dann.

Als mein Mensch wieder ein dickes Buch zu Ende gelesen hatte – die ihm sein Buchhänder-Freund schickt, werden immer dicker –, ächzte er: »So viele Worte – und warum? So lange Sätze – und wozu? Da hat sich einer gelangweilt, weil er zuviel Zeit gehabt hat, und deshalb langweilt er jetzt mich. Hätte er jeden Satz entzweigehackt und statt fünfhundert Seiten die Hälfte geschrieben: es wäre ein gutes Buch geworden. *Du* solltest ein Buch schreiben, Nick, das wäre kürzer!«

Dir wollte ich doch Nachricht geben, warum mein Mensch mich wieder in die Garage gesperrt hat. Eben darum, weil er kein Auto hat. *Das* ist der wahre Grund, und nicht, weil ich nachts beim Nachbarn war. Aber er ist nur ein dummer Mensch, der nicht versteht, wie eines mit dem andern zusammenhängt.

Nämlich so:

Nachdem wir in dieses Waldhaus eingezogen waren, haben uns die Nachbarn Besuch gemacht, und so ist auch der Gemüsehändler *Pedro* gekommen, ein dürres Männchen, fast so alt wie mein Mensch, aber schwarzbraun wie Schokolade.

»Senhor Ricardo«, hat er angefangen, »wir wollen gute Nachbarn sein. Frischen Salat und reife Mangos finden Sie stets in meinem Laden.«

»Senhor Pedro«, hat mein Mensch gesagt, »mein Haus ist das Ihre.« Doch ich habe ihm angerochen, daß er es nicht ernst meinte, sondern nur so als Redensart, wie sie hier geläufig ist.

Deshalb hat er nur die Flasche Kaschassa aus dem Büfett genommen, den Zuckerrohr-Schnaps, der so stinkt, daß es sogar seiner groben Nase zuviel ist. Er braucht ihn bloß für den Gärtner, den Briefträger und

solcherlei Leute, für die ihm sein Whisky zu schade ist.
»Wenn ich etwas für Sie tun kann, sagen Sie es mir«, hat mein Mensch so obenhin gesagt, während er ihm die Kaschassa einschenkte (ins Wasserglas, wie es die einfachen Leute gewohnt sind).
Dann kam das übliche Geschwätz: daß es wieder einmal nicht zum Aushalten heiß ist, und daß die Preise steigen, und daß es wieder Krieg geben wird, und was Menschen eben schwatzen, wenn sie einander nichts Rechtes zu sagen haben. Denn schweigen können sie nicht, und beißen wollen sie einander nicht, dazu sind sie zu feige.
Endlich hat Pedro den Rest ausgetrunken und ist aufgestanden. Ich hoffe schon, er macht sich fort, so daß mein Mensch mit mir ausgehen kann, er aber fragt noch in der Tür: »Sie haben ja eine Garage, Senhor Ricardo?« und tut so verwundert, als sähe er sie zum erstenmal.
»Ja«, sagt mein Mensch, »die gehört zum Haus, und ich habe sie mit ihm mieten müssen.«
»Haben Sie auch ein Auto?« fragt der Gemüsehändler.
»Nein«, antwortet mein Mensch, »und ich will auch keines. Ich kann Autos nicht leiden. Außerdem bin ich zu zerstreut zum Fahren.«
»Wie gut sich das trifft!« ruft der Gemüsehändler und klatscht in die Hände wie ein Kind, das sich freut. »Sie

haben eine Garage und kein Auto, und ich habe ein Auto und keine Garage. Darf ich es bei Ihnen einstellen?«

Meinem Menschen ist der Schweiß aus allen Poren ausgebrochen – Menschen schwitzen ja mit dem ganzen Leib, nicht wie wir bloß mit der Zunge –, und ich habe gerochen, daß es Angstschweiß war.

»Gern, gern«, hat er gestammelt, »*sehr* gern täte ich Ihnen den Gefallen, Herr Nachbar, aber . . .« Da hat er gezögert, und dann ist ihm etwas eingefallen. »Aber, Senhor Pedro«, fährt er fort, »in meinem Mietsvertrag steht, daß ich nicht untervermieten darf.«

»Wenn es nur *das* ist, Freund Ricardo; *die* Sorge können Sie sich aus dem Kopf schlagen!« ruft der Gemüsehändler und umarmt meinen Menschen, wie das die Leute hier tun, ohne sich viel dabei zu denken. Nur aus Höflichkeit tun sie es. »Ich *will* ja nicht bezahlen!«

Mein Mensch hat dreingesehen wie unsere Köchin, wenn er ihr sagt, daß noch eine Flasche Kaschassa da sein sollte, aber keine mehr da ist. »In der Garage schlafen meine Tiere«, japste er, »die Arara und die Papageien und Nick . . .« Das war gelogen, soweit es mich angeht, denn ich schlafe auf der Veranda, und das weiß der Gemüsehändler, weil ich ihn von dort anbelle, wenn er nachts betrunken nach Hause schwankt.

»Ja, wenn Ihnen *Tiere* lieber sind . . .«, hat Pedro nun kaltschnäuzig geblafft und ein verächtliches Gesicht gezogen. Damit ist er endlich fortgegangen.

»Da habe ich einen Feind, kaum daß ich eingezogen bin«, hat mein Mensch mich angeseufzt. »Auf den paß auf, Nick!«

Seither stehen die zwei miteinander wie ich mit dem Schäferhund, dem der Hausherr gehört. Hätten sie Felle statt Kleider, ihre Rückenhaare sträubten sich, wenn sie einander begegnen. Aber sie grüßen einander noch, weil sie eben Menschen sind. Wir Hunde wären nicht imstande, so zu heucheln. Wenn *wir* einander nicht riechen können, wedeln wir nicht, sondern zeigen einander die Zähne.

Hätte mein Mensch ein Auto, wäre nichts geschehen, weil dann eben seines in der Garage gestanden wäre.

Fährst Du auch so gern Auto wie ich, Seppli? Hoffentlich haben Deine Menschen eines. Es ist so abenteuerlich! Fast schöner noch als Jagen. Ich halte den Kopf aus dem Fenster und lasse mir den Wind um die Nase blasen. Was der einem alles zuweht! Mehr Witterung auf *einer* kurzen Fahrt als sonst den ganzen Tag über. Weich liegt man auch, und wenn Hunde hinter einem herbellen, die kein Auto haben, hält man die Nase hoch, als bemerke man sie überhaupt nicht. Sie sind ja nicht böse auf einen, nur neidisch, weil sie zu Fuß laufen müssen. Die Waldhunde besonders, die dürren Hungerleider, die hetzen hinter dem Auto her und kläffen, was sie können. Im Wald aber trauen sie sich nur an mich heran, wenn ihrer drei, vier beisammen sind.

Leider kann ich nur selten Auto fahren, nur wenn es so regnet, daß mein Mensch ein Taxi braucht, oder wenn Freunde uns mitnehmen. – Doch schon wieder bin ich auf falscher Fährte. Auf die rechte also!

Der Gemüsehändler gehört einem alten Jagdhund, der »Fido« heißt. Hier, sagt mein Mensch, werden Hunde früher alt als in Europa. »Menschen auch!« seufzt er dazu. – Auch ich werde schon weiß um die Schnauze und bin kaum sechs Jahre alt. Der Fido vom Gemüsehändler aber kommt schon ins elfte Feld.

Nun kann man über den Gemüsehändler sagen, was man will (und mein Mensch hat eben heute eine Menge über ihn gesagt, weil der Blumenkohl voll Maden war und die Köchin sie mitgekocht hat), doch *eines* muß man ihm zugute halten: den Fido behandelt er anständig. So einen alten Jagdhund, der sich kaum mehr in den Garten schleppen kann, um nicht ins Haus zu machen, würde so mancher andere Mensch nicht mehr füttern. Und den Tierarzt würden andere auch nicht mehr zu ihm rufen. Was der kostet, weiß ich; mein Mensch wirft es mir jedesmal vor, wenn er ihn zu mir ruft.

»Der Fido ist durch und durch rheumatisch«, hat der Tierarzt dem Pedro gesagt, als der ihn zum Auto zurückbrachte, »und blind wird er auch bald; das eine Auge ist hin, und auf dem andern hat der Star schon angefangen. Am besten, wir machen Schluß. – Ich gebe ihm eine Spritze – was?«

Da aber ist der Pedro wild geworden und hat dem Tierarzt alle Schande gesagt. Ich habe das von der Veranda aus gehört. – Der Pedro füttert den Fido weiter, und er füttert ihn gut. Deshalb ist er nicht schlecht, wenn auch mein Mensch sagt, daß von den Orangen, die er verkauft, die Hälfte faul ist. Meinen Menschen kann er freilich nicht leiden, und betrinken tut er sich auch oft, aber zum Fido ist er gut.

»Besser als zu seiner Familie«, sagt mein Mensch, und das ist wahr. Seine Frau prügelt er, und ihre Mutter schimpft er aus, und seine Kinder läßt er in Lumpen laufen. Aber den Fido prügelt er nie und schimpft nicht einmal mit ihm, wenn er die Stube schmutzig macht.

Er hat nur *eine* Stube, der Pedro, und eine kleine Küche. Der Abort ist im Garten. So klein ist sein Haus, daß mein Mensch nicht versteht, wie so viele Leute Platz darin haben. Nur eine Hütte aus Bambusgeflecht ist es, Lehm darübergeklatscht und Palmwedel als Dach. Aber ein Auto hat der Pedro doch! Damit holt er Gemüse und Obst von den Bauern, und sonntags fährt er den Fido darin spazieren. Nur ihn. Die Familie läßt er zu Hause. »Du gehst mir schon in der Woche bis zum Hals!« habe ich ihn seine Schwiegermutter ankläffen hören, als sie wenigstens bis zur Kirche mitfahren wollte.

»Ein schlechter Mensch«, hat unsere Köchin gemeint, die ihn auch brüllen hörte. Aber das ist nicht wahr: der Fido kann sich keinen bessern wünschen. Seit ich das weiß, bell ich auch nicht mehr, wenn Pedro nachts vorbeitorkelt. Aber habe ich Dank dafür? Nein! Seinetwegen bin ich jetzt in der Garage und kann mir die Seele aus dem Leib heulen.

Und das kam so:

Gestern abend besuchte ich Fido wie gewöhnlich, wenn mein Mensch schon im Bett liegt und der Gemüsehändler in der Kneipe ist. Was sonst soll ich tun? Ich bin noch hellwach.

Die Köchin hat nichts dagegen, daß ich ausgehe. Im Gegenteil: sie erwartet ihren Liebhaber, den Mulatten, der morgens die Milch bringt, und ist froh, wenn ich weg bin. Zwar belle ich nicht, wenn er kommt – er gehört ja zum Haus –, aber sie traut mir doch nicht.

Ich bin also zum Fido hinüber, denn wenn auch unsere Menschen einander nicht riechen können: wir haben einander gern.

Der Fido ist sehr erfahren, ein richtiger alter Jagdhund, und man kann eine Menge von ihm lernen. Auch wie man Katzen kriegt, wenn sie hochklettern. Das macht ja auch Dir zu schaffen, lieber Seppli, und so will ich es Dir weitergeben: wenn die Katze auf einen Baum geklettert ist oder auf eine Telegraphenstange, soll man, rät Fido, so schnell man kann, rundherum laufen. Immer im Kreis ganz eng herum, wie wenn man sich die Flöhe vom Kreuz beißen will. Die Katze oben dreht sich mit, weil sie einen im Auge behalten will, und wenn man nur lang genug läuft, wird sie schwindlig und fällt herunter. Dann kann man sie abbeuteln. So ist Fido mit Katzen fertig geworden, als er noch jung war. Versuche es auch! Mir hat es freilich nichts genützt, als ich es an einer Wildkatze ausprobierte. Entweder werden Wildkatzen nicht schwindlig, oder ich bin nicht schnell genug gelaufen, weil ich kein Jagdhund bin. Als ich schon außer Atem war, ist sie immer noch oben gesessen und hat mich nur höhnisch angeblinzelt: der Herr hat wohl den Drehwurm?

Katzen *sind* frech, da hast Du recht, Seppli. Ah, könnte ich nur klettern – der hätte ich es gezeigt! Klettern, wie es sogar unsere Arara »Rachel« kann!

Einmal kletterte die Rachel auf die höchste Königspalme im Garten – denn fliegen kann sie nicht mehr, weil ihr ein Flügel gestutzt ist –, und mein Mensch stand unten und lockte: »Komm, Rachel! Komm, Liebling!« Sie hat ihm spöttisch nachgeplärrt: »Komm! Komm!« – aber das konnte er nicht. Deshalb hat er die Negerbuben gerufen, die auf der Straße Fußball spielten, und zehn Cruzeiros dem versprochen, der sie herunterholt. Die Buben haben erst gerauft, wer hinauf darf. Schließlich ist der stärkste – das ist der älteste Sohn des Polizisten – auf die Palme geklettert wie ein Affe. Als er aber nach der Arara griff, hat sie ihn in den Finger gebissen und dazu gelacht wie ein Mensch; denn das kann sie.

Er ist so schnell am Stamm heruntergerutscht, daß er sich die Hosen durchgewetzt hat. Mein Mensch hat ihm eine ganze Tafel Schokolade gegeben und den Finger verbunden. Am nächsten Tag hat er dem Vater noch eine Flasche Kaschassa geschenkt. »Mit der Polizei muß man sich gut stellen«, hat er mich nachher angejault.

Der nächste Bub, der auf die Palme kletterte, war ein kleiner von der Hebamme. Die hat eine Menge Kinder. »Das bringt ihr Beruf mit sich«, hat mein Mensch der Köchin gesagt, weil die sich darüber wunderte, daß wieder eins unterwegs ist.

Der Hebammen-Bub hat einen Bambusstab mitgenommen, und die Arara ist gleich daraufgestiegen. Hält man ihr eine Stange vor die Brust, steigt sie immer darauf, weil sie ein dummer Vogel ist. Stange ist Schicksal für sie.

Der Bub vom Polizisten hat geschrien: »Das gilt nicht! *Mir* gehören die zehn Cruzeiros! Mir hat sie den Finger abgebissen!« Aber das war gelogen: sie hatte ihm nur den Nagel durchgebissen. Mein Mensch hat ihm aber das Geld gegeben und dem andern auch, damit sie nicht wieder anfangen zu raufen. Wenn es um die Arara geht, schaut er nicht so aufs Geld wie bei mir.

Damals habe ich gesehen, wie gut Menschen klettern können, wenn sie noch jung sind. Junge Menschen sind eben mehr wert als alte. Meiner käme keinen Baum mehr hoch. Doch sogar er kann besser klettern als ich. Als er mit mir auf die Tijuca stieg, die hier der höchste Berg ist, hat er mich das letzte Stück hochziehen müssen. Mir war der Gipfelfelsen zu steil, ihm nicht. Dafür kann er nicht springen, und mit seinem Laufen ist es auch nicht weit her. Mich holt er nur ein, wenn er mir leid tut, weil er schon japst. Richtig klettern aber können nur dumme Tiere wie die Araras und Affen oder tückische wie die Katzen und Jaguare.

Jetzt erst, nach so vielen Seitensprüngen, nenne ich Dir das Tier, dessentwegen mein Mensch mich in die Garage geschleift hat: den *Jaguar*.

Ein Jaguar klettert wie eine Katze, weil er eine »Großkatze« ist, sagt mein Mensch. Ich habe noch nie einen gesehen oder auch nur gewittert; jetzt aber schwatzt das ganze Dorf so viel von ihm, daß ich eine Menge über ihn erfahren habe.

Gibt es Jaguare auf dem Zürichberg, Seppli? Dann nimm Dich in acht vor ihnen! Sie fressen am liebsten Hunde, sagen die Leute, und Du bist ja klein. Ich aber bin groß und stark und habe keine Angst vor ihnen. Mir sollte einer in die Quere kommen! Ich würde ihn zerreißen! Bloß nachklettern könnte ich ihm nicht. – Warum eigentlich nicht? Ich sehe doch aus wie ein Jaguar.

Woher ich das weiß, wirst Du fragen, wenn ich noch keinen gesehen habe. Weil die Menschen es mir früher nachgerufen haben. Ich war der erste Boxerhund auf dem »Alto da Boa Vista«. Welchen Schrecken habe ich ihnen damals eingejagt! *Angst* haben sie vor mir gehabt, Du kannst Dir nicht vorstellen, *welche* Angst. Ganz entsetzt waren sie.

»Der Jaguar!« – »Der Jaguar!« haben sie geschrien, wenn sie mich bloß von weitem sahen – und leer war die Straße. Sogar vor der Kneipe, wo sonst die starken Männer stehen – Chauffeure, Holzfäller, Lastträger –, war kein Mensch mehr.

Gar erst die Frauen und Kinder! Das war ein Gequieke! Dabei habe ich Kinder so gern!

Wie ist mein Mensch damals herumgelaufen, um die Leute zu beschwichtigen. »Er ist *kein* Jaguar«, hat er gewinselt, »er sieht nur so aus.«

»Er *ist* ein Jaguar«, hat der Postmeister sich versteift. »Schauen Sie nur seinen Kopf an, so dick und rund!«

»Und gescheckt ist er auch!« hat der Schneider gerufen. »Ich bin Jäger und muß das wissen.« Ein schöner Jäger ist er! Sonntags nimmt er die Flinte und schießt die Wildtauben, wenn sie im Maultiermist picken.

»Er ist ein *Hund*, ein Boxerhund, ein Deutscher Boxer«, hat mein Mensch beteuert. »Für seinen Kopf kann er nichts, der gehört zur Rasse; und gescheckt ist er auch nicht, nur gestromt.«

Nun, mit der Zeit hat sich das Dorf beruhigt, und jetzt hat keiner mehr Angst vor mir. Im Gegenteil: es ist stolz auf mich. Als mich einmal ein fremdes Auto mitnehmen wollte, weil ich hineingesprungen war, haben die Holzfäller es angehalten und mich wieder herausgeholt. Wenn die Jungen Fußball spielen, rufen sie mich. Ich spiele im Tor und lasse keinen Ball durch. Geht aber ein Ball entzwei, bringen sie ihn meinem Menschen:

»Senhor Ricardo, der Nick hat uns wieder den Ball zerbissen!«

Mein Mensch ist so dumm, daß er nicht einmal merkt, daß der Ball zertreten ist und nicht zerbissen. Er seufzt nur und bezahlt. Sooft die Jungen einen neuen Ball brauchen, machen sie das, und weil es kein richtiger Fußball ist, sondern nur ein kleiner Gummiball, der nichts aushält, hat mein Mensch schon viele bezahlen müssen. Jedesmal schimpft er nachher mit mir, und die Jungen lachen mich aus.

Das aber gehört auch nicht hierher; nur, daß mich die Menschen für einen Jaguar gehalten haben, weil ich so aussehe.

Das ist schon Jahre her, und so lange hatte ich nichts mehr vom Jaguar gehört.

Bis vor ein paar Tagen.

Da hat unser Forstmeister einen Jaguar im Wald gesehen – oder doch behauptet, er habe ihn gesehen.

»Das wird der Nick gewesen sein«, meinten die Leute.

»Nein, das war *nicht* der Nick!« beteuerte der Forstmeister. »Das war ein *schwarzer* Jaguar, und der ist noch wilder als ein gefleckter. Ich habe ihn deutlich gesehen. Auf dem Felsen überm Wasserfall ist er gelegen und hat sich das Fell geleckt. So wahr ich lebe, ich habe ihn gesehen! Am hellichten Tag! Diese meine Augen haben ihn gesehen! Erblinden sollen sie, wenn sie ihn nicht gesehen haben!« schwor er, und die Leute glaubten ihm, weil er Uniform trägt und sich nur sonntags betrinkt.

Vielleicht hat er wirklich einen Jaguar gesehen; ich weiß es nicht. Ich weiß nur, daß ich keine Fährte gerochen habe, die ich nicht kenne, obzwar ich jeden Tag im Wald bin und oft auch nachts. Doch, mag sein, der Jaguar ist oben über die Äste gekommen, denn unser Wald ist dicht. Auch groß ist unser Wald, so groß, daß ich noch nie an sein Ende gekommen bin. Gegen Sonnenaufgang hängt er mit dem Tijuca-Wald zusammen, der schon richtiger Urwald ist und bis ins ferne Orgelgebirge reicht.

Jaguare haben kein festes Lager, sagt mein Mensch, und jagen weit nach Beute. Dahin und dorthin laufen sie, und wenn sie *einen* Wald leergefressen haben, wandern sie weiter in den nächsten.

»Es kann schon sein, daß einer bis zu uns gekommen ist«, brummt mein Mensch, »außer du warst es doch, du Lump!«

Aber ich war es gewiß nicht; ich bin nicht schwarz – nur im Gesicht, wie sich das für einen Boxer gehört. Wäre mein Mensch klüger, wüßte er auch, daß ich nicht auf dem Felsen überm Wasserfall gewesen sein kann, denn der ist mir zu steil, weil ich ja nicht klettern kann.

Egal aber, ob es wirklich ein Jaguar war, oder nur eine schwarze Ziege vom Waldbauern, wie der Milch-Mulatte sagt – der den Forstmeister nicht leiden kann,

weil der ihn beim Holzstehlen erwischt hat –, wie immer: die Aufregung war groß.
Die Männer und Burschen sind mit Gewehren in den Wald, oder wenigstens mit Revolvern, und die Polizisten sind auch in den Wald und haben so getan, als ob sie die vielen Revolver nicht sähen. Denn Revolver tragen hier alle Männer, trotzdem es verboten ist, wenn man keinen Waffenschein hat. Den aber haben sie nicht, weil er dreißig Cruzeiros kostet. Nur der Steuereinnehmer hat einen, weil er ein gutes Beispiel geben will, und mein Mensch hat auch einen, weil er aus Europa kommt und immer noch glaubt, daß man Gesetze befolgen muß.
So dumm ist er, daß er sogar eine Lizenz für seinen Radio-Apparat bezahlt hat, weil das Vorschrift ist. »Warum wollen Sie eine Lizenz, Senhor Ricardo?« hat sich der Beamte gewundert. »Ich habe nicht einmal ein Formular dafür. – Nun, wenn Sie durchaus wollen, holen Sie sich eines in Rio!« Und ob Du es glaubst oder nicht, Seppli: noch am gleichen Tag ist mein Mensch in die Stadt gefahren, trotzdem ein Gewitter gegossen hat wie unser Wasserfall.
»Alle Fremden sind verrückt«, hat meine Köchin damals zur Hebamme gesagt, als die zum Kaffee gekommen war, »aber *so* verrückt wie er ist keiner.« Die Hebamme hat den Kopf geschüttelt und der Köchin geschmeichelt wie eine Katze: »Gut, daß er *Sie* hat, Doña Marta, Sie haben Verstand für zwei.« Aber

das ist nicht wahr, Verstand hat unser Köchin nicht genug für sich selbst, sonst würde sie den Metzgerburschen in ihre Kammer lassen und nicht den Milch-Mulatten. Der Metzgerbursch bringt großartige rohe Knochen mit, damit ich nicht belle, und der Mulatte gibt mir höchstens eine Käserinde. Trotzdem läßt sie den Metzgergesellen nur herein, wenn der Mulatte in der Stadt ist.

Schon wieder bin ich auf falscher Spur! Der *Jaguar* ist jetzt wichtig – oder die schwarze Ziege, wenn die es war. Was weiß denn ich, was der Forstmeister dort überm Wasserfall gesehen hat.

Was immer dort gewesen war: die Menschen haben sich angestellt, als ob es ihnen ans Leben ginge. Bei Tag sind sie am Waldrand gegen den Jaguar Wache gestanden, und bei Nacht haben sie sich in den Wald hineingepirscht, um ihn zu schießen. Denn der Jaguar, sagt mein Mensch, jagt bei Nacht.

Mit dem Fußballspielen war es vorbei, denn die Buben liefen mit Stöcken als Treiber vorneweg.

In unser Haus kamen immer wieder Jäger, weil es dem Wald zunächst liegt. Wenn sie draußen in die Hände klatschten, um Einlaß zu erbitten, hat mein Mensch zwar geknurrt, aber nur leise. Zu ihnen war er freundlich und holte die Kaschassa-Flasche hervor.

»Bemühen Sie sich nicht, Senhor Ricardo«, sagten sie. »Wir wollen nur aufpassen, daß Ihnen der Jaguar nichts tut.«

Wenn sie gingen, sagten sie »Schönen Dank!« und »Verlassen Sie sich auf uns, Senhor Ricardo, den Jaguar bekommen wir!« Aber bekommen haben sie ihn nicht, und es war ihnen auch nur um die Kaschassa zu tun.

Wahrscheinlich war es doch die schwarze Ziege vom Waldbauern. Auf Felsen klettern Ziegen gut, nur nicht auf Bäume.

Das gehört alles her, lieber Seppli, damit Du Dir vorstellen kannst, wie außer sich die Menschen über den Jaguar waren. Sogar meinen haben sie damit angesteckt. Seinen Revolver, den er sonst mit der Schokolade im Schrank verschließt, hat er geputzt und neben sein Bett gehängt.

So also war die Stimmung, als ich gestern abend Fido besuchte. Wohin sonst hätte ich sollen? Der Wald war voller Menschen, und sie hätten mich erschossen, weil ich aussehe wie ein Jaguar und sie im Dunkeln nicht gesehen hätten, daß ich nur im Gesicht schwarz bin.

Der Fido war traurig darüber, daß er zu alt ist, um die Jagd mitzumachen. Einen Jaguar würde er fürs Leben gern jagen, jaulte er. Bisher habe er so wenig wie ich einen zu Gesicht bekommen, und jetzt sei einer da, und er könne nicht mit . . . Ein Jagdhund wie er!

Um sich zu trösten, hat er mir alle Goldhasen aufgezählt, die er erledigt hat, und alle Gürteltiere. Aber das wußte ich schon; das erzählt er immer wieder, weil er so alt ist. Auch mein Mensch erzählt manchmal zweimal dasselbe. Seine Gäste sagen aber nicht, daß sie es schon wissen, sondern sie tun aufmerksam und gähnen nur durch die Nase. Das halten sie für fein, und so habe auch ich getan, als ob ich alles zum erstenmal hörte.

Am ausführlichsten berichtete mir Fido wieder, wie er ein Gürteltier, das sich schon fast ganz eingegraben hatte, eben noch mit der Schwanzspitze erwischt hat. »Man sollte nicht glauben«, bemerkte er immer an dieser Stelle, »wie schnell ein Gürteltier sich eingraben kann und wie stark es einen dabei mit hinunterzieht. Ich habe mich mit allen vieren gegenstemmen müssen, sonst hätte es mich lebendig begraben.«

Mit solchen Gesprächen also liegen wir vor der Tür, und der Fido ist eben beim Gürteltier, das ihn fast unter die Erde gebracht hat – da geht die Tür auf, und aus der Küche tritt Pedros Schwiegermutter in den Garten.

Sie ist im Nachthemd, in einer Hand hält sie eine elektrische Taschenlampe und in der andern eine Zeitung – nicht, um sie zu lesen, lesen kann sie nicht, sondern weil sie auf den Abort im Garten will. Ich stehe auf, um ihr Platz zu machen, und dabei fällt das Licht ihrer Taschenlampe auf meinen Kopf . . .

»Der Jaguar!« pfeift sie so schrill wie unsere Hundepfeife. »Herr Jesus, der Jaguar!« Und fällt auch schon über Fido, der nicht so schnell beiseite kann, weil er doch Rheuma hat.

Im Haus wird es hell, und ich mache mich davon: hopp

über Pedros Zaun! Im Galopp die Straße hinauf! Hopp über unsere Hecke! Und hinein in unsern dicksten Bananenbusch!

... Dann weiß ich nur noch, daß viel Lärm war: erst drüben beim Gemüsehändler, dann bei uns.

Der Mulatte ist zum Kammerfenster der Köchin hinaus in den Garten und – hopp! – so flink über unsere Hecke hinaus wie ich hinein. Weg war er.

Dann höre ich mehr Lärm aus dem Dorf unten. Männer und Burschen kommen gelaufen, nur in Unterhosen die meisten, denn die Nacht ist heiß, aber alle mit Revolvern. Einige haben in die Luft geschossen, um sich Mut zu machen.

»Der Jaguar!«

»Der Jaguar!«

»Wo ist er?«

»Dort ist er!«

»Wo?«

»Beim Pedro!«

»Nein, beim Fremden!«

So brüllten sie durcheinander, und ich drücke mich tief zwischen die Bananenstauden und krieche auf dem Bauch unter die trockenen Blätter.

Zwei Schlangen rascheln heraus und zischen mich an. Aber was sind schon Schlangen gegen Menschen, wenn sie verrückt sind und einen Revolver in der Hand haben ...

»Panik«, knurrte mein Mensch, wie er im Garten nachsieht, ob der Jaguar dort ist; aber auch er hat den Revolver in der Faust. Mich riecht er nicht, obschon er gerade vor den Bananen steht, hinter denen ich liege, und der Wind von mir zu ihm steht.

Ich rühre mich nicht; ich kenne meinen Menschen: wenn er sich ärgert, ist ihm nicht zu trauen. Ich passe nur auf, daß ich kein Blatt rascheln mache.

»Panik«, knurrt mein Mensch nochmals und setzt hinzu: »So entstehen Kriege ...«

»Nick!« ruft er dann. »Wo steckst du, Vagabund? ... Wenn man dich einmal braucht ...« Dann wird er eine Weile still. Nur leise brummt er schließlich vor sich hin: »Besser, er bleibt, wo er ist. Sonst schießen sie ihn tot, wild wie sie sind. Es sind ja immer die Unschuldigen, die leiden müssen ...«

Unschuldig war ich wirklich, glaube mir, Seppl! Was kann denn *ich* dafür, daß die Schwiegermutter auf den Abort will, wenn ich vor der Schwelle liege?

Nun, das Dorf ist wieder ruhig geworden, und getan hat mir keiner was.

Das bleibt so, habe ich gehofft, und bin unterm Bananenlaub eingeschlafen.

Aber verlasse sich einer auf Menschen!

Der Gemüsehändler muß sich zurechtgereimt haben, daß *ich* der Jaguar war. Kaum ist die Sonne aufgegangen, klatscht wer vor dem Gartentor in die Hände und ruft: »Ihr im Haus, mit Verlaub!«

Mein Mensch machte gerade die erste Honigsemmel

zurecht, und ich sitze neben ihm und sabbere ihm aufs Knie; da muß er aufstehen, und ich muß bellen, weil er draußen hereinwill. Und wer ist es? Der Gemüsehändler.

»Guten Morgen, Senhor Pedro«, begrüßt ihn mein Mensch. »Kommen Sie herein und trinken Sie Kaffee mit mir!«

Der aber antwortet kalt: »Danke, Senhor, mir ist nicht nach Kaffee zumute«, und ich rieche ihm arge Wut an. »Ich habe ernsthaft mit Ihnen zu sprechen.«

Mein Mensch ist bestürzt über die Beleidigung, denn Kaffee abzulehnen, ist in Brasilien eine schwere Beleidigung. »Einen Augenblick, Senhor Pedro«, sagt er, geht ins Schlafzimmer und steckt seinen Revolver ein. Denn *das* hat sogar er bemerkt, daß der Gemüsehändler auch einen in der Hosentasche hat – durchs dünne Leinen erkennt man das gleich. Also kommt auch mein Mensch mit dem Revolver in der Pyjama-Tasche zurück und schließt dann erst das Tor auf.

Doch der Gemüsehändler will nicht herein. »Danke, Senhor, wir sprechen besser draußen.« Das war wieder eine Beleidigung, wenn auch keine so arge wie die erste.

»Wie Sie wollen, Senhor«, spricht mein Mensch so streng wie sonst zu mir, wenn mich wer aus dem Wald zurückschleppt. Auch das ist eine Beleidigung, weil er den Pedro nicht beim Namen nennt, sondern tut, als sei er ein Fremder. Deshalb zeige ich dem Kerl die Zähne.

Der Gemüsehändler sieht mich grimmig an, und es zuckt ihm in der Hand nach der Revolvertasche hin. Aber er läßt den Revolver stecken und schluckt seine Wut herunter; denn er sieht mir an: ich hätte ihn niedergerissen, bevor er den Revolver herausgebracht hätte.

Deshalb spricht er jetzt leiser: »Meine Schwiegermutter ist fast gestorben. Jetzt ist der Arzt bei ihr.«

»Das tut mir wirklich leid«, sagt mein Mensch. »Was ist es? Ein Schlaganfall?«

»*Der* ist es!« brüllt der Gemüsehändler mit einemmal so auf, daß mein Mensch zusammenfährt und in die Tasche greifen will. Halben Wegs aber hält er die Hand an, weil ich mich schon ducke, um Pedro an den Hals zu springen.

»Still, Nick«, sagt er nur.

»Jawohl, Ihre Bestie ist es!« ruft der Gemüsehändler – aber jetzt nur halb so laut – und zeigt mit dem Finger auf mich.

»*Du*?« verwundert sich mein Mensch und guckt mich an. »Das muß ein Irrtum sein, Senhor Pedro; der Nick kann nicht schuld sein, der Nick ist sanft wie ein Lamm, der beißt doch Ihre Schwiegermutter nicht! Eine so liebe alte Frau!«

»Ihr Hund *ist* schuld, und meine Schwiegermutter ist *keine* liebe Frau!« widerspricht der Gemüsehändler, aber noch leiser, und den Finger zieht er auch zurück, weil ich an ihm schnüffle. Der Finger riecht nach Wut und nach Tabak und nach Fido. Er muß ihn gestreichelt haben, bevor er hergekommen ist, und das macht mich weich. So gern ich vorher in den Finger gebissen hätte: sowie ich den Fido an ihm rieche, wedle ich.

»Sehen Sie ihn doch an, Senhor Pedro«, sagte mein Mensch. »Er wedelt ja. Er hat Sie gern. Und nun kommen Sie endlich herein! Wir wollen doch nicht vor den Leuten streiten.«

Inzwischen ist nämlich die Straße vor unserem Haus voll von Leuten, die sehen wollen, wie der Pedro meinen Menschen erschießt. Das hatte er seiner Frau versprochen, und sie war damit schon im Dorf herumgelaufen. Gejammert hat sie, daß ich ihre Mutter umgebracht habe; aber das ist nicht wahr.

Der Gemüsehändler will erst nicht ins Haus. Doch mein Mensch klopft ihm auf den Rücken wie einem Freund, nimmt ihn unterm Arm – unter den rechten, versteht sich, damit er nicht doch noch den Revolver zieht – und führt ihn ins Eßzimmer an den Frühstückstisch.

Die Leute draußen sind enttäuscht, daß Pedro meinen Menschen nicht erschießt, und rufen herein: »Sei ein Mann, Pedro!« und »Schieß wenigstens den Hund tot!«

Da aber schreit der Bub von der Hebamme: »Nein! Nur den Fremden! Den Nick nicht! Dann soll er lieber mich totschießen!«

Da lachen sie und gehen davon. Denn schlecht sind sie nicht, nur aufgeregt.

Bei Tisch ist der Gemüsehändler ganz umgänglich, weil

er doch Gast ist, und trinkt Kaffee mit meinem Menschen und nachher eine Menge Whisky. Denn diesmal schenkt ihm mein Mensch nicht nur Kaschassa ein.

Beim Trinken erzählt er, daß die Schwiegermutter wie tot vor der Küchentür gelegen ist, ganz steif und so krumm, daß er sie kaum durch die Tür tragen konnte. »Wir haben sie zehnmal umdrehen müssen, die verdammte Alte!« sagt er und spuckt dabei auf den Teppich. »Als sie wieder zu sich kam, war sie unsinnig vor Angst. ›Der Jaguar! Der gefleckte Jaguar!‹ hat sie immerzu geschrien. Wir haben sie im Bett festhalten müssen, und sie hat meine Frau verrückt gemacht mit dem Geschrei, und mich auch, Senhor Ricardo. Die ganze Nacht haben wir kein Auge zugetan. Jetzt ist sie endlich eingeschlafen, und ich bin gleich zu Ihnen herüber, noch im ersten Zorn, weil ich mir gedacht habe: das kann nur der Nick gewesen sein! Einem Jaguar wären meine Hühner lieber gewesen als meine Schwiegermutter. – Nichts für ungut, Senhor, Sie wissen ja, wie Weiber sind.«

»Ja, das weiß ich, und deshalb habe ich nicht geheiratet«, seufzt mein Mensch und schenkt sich noch einen Whisky ein.

»Sie sind zwar ein Fremder, aber Sie sind gescheit«, lobt ihn Pedro, »und daß Sie Ihren Hund liebhaben, verstehe ich. Ich habe meinen Fido auch lieb, so alt und krank wie er ist.« Dabei klimpert er mit dem Eis ans Glas, damit mein Mensch merkt, daß es leer geworden ist. So hat er noch eins bekommen und noch eins, bis die Flasche leer war.

... Die Sonne stand schon hoch, als Pedro endlich nach Hause wankte, und ich hatte immer noch keine Honigsemmel bekommen.

Zum Abschied sind sie einander in die Arme gefallen und haben einander den Rücken beklopft, und dabei ist dem Gemüsehändler der Revolver aus der Tasche gefallen. Mein Mensch hat ihn aufgehoben und dem Pedro wieder in die Tasche gesteckt, und der hat »Danke, lieber Freund« gestammelt, und ich habe ihm angerochen, daß er sich geschämt hat.

Ich aber habe gar nichts zum Frühstück bekommen, und jetzt ist es schon Abend, und ich habe noch immer nichts im Magen! Denn kaum war der Gemüsehändler draußen, hat mein Mensch mich angeknurrt: »Jetzt kommst *du* dran, du Kalfakter! Das kommt von deinem verfluchten Streunen! Jetzt sollst du eine Tracht Prügel haben wie noch nie!«

Siehst Du, Seppli, so sind die Menschen! Ohne mich wäre er schon bei Sonnenaufgang erschossen worden, und mir wirft er vor: *ich* bin schuld!

Nun, vor seinen Prügeln ist mir nicht bange, und diesmal hat er mich auch nicht *einmal* mit der Peitsche erwischt, weil er so viel Whisky in sich hatte. Ich habe den Hintern geschwenkt, und ihm hat es genügt, daß die Peitsche aufs Parkett geknallt hat. Nicht einmal in die Garage hätte er mich zerren können, wenn ich mich richtig gesträubt hätte; so schwach war er auf den Beinen. Richtig leid hat er mir getan. Deshalb bin ich freiwillig mitgegangen. Denn lieb habe ich ihn, so dumm und ungerecht er auch ist.

Dagegen ist nichts zu machen, das weißt Du ja, Seppli. Die Schuld liegt an uns: wir verwöhnen unsere Menschen, weil wir sie zu lieb haben.

Damit schließe ich, obwohl ich noch viel Zeit hätte, denn wer weiß, wann ich wieder aus der Garage hinauskomme. Auch so ist es ein sehr langer Brief geworden, und mein Mensch wird sich ärgern, daß er so viel zu schreiben haben wird. Das wird erst morgen sein, denn jetzt ist er in die Kneipe gegangen, was er sonst nicht tut. Dort wird er das ganze Dorf freihalten, damit mich keiner erschießt. Nachher wird er wieder *mich* auszanken, weil es so teuer war.

Dabei ist es überflüssig. Die Buben würden es nie zugeben, daß man mich totschießt. Wo sonst finden sie einen Torwächter wie mich? Und auf wen sonst können sie sich ausreden, wenn sie einen neuen Ball brauchen? *Ich* habe keine Angst, aber *er* ist feige.

Du siehst, Seppli, ich habe schwerere Sorgen als Du, denn ein Jaguar ist gefährlicher als eine Katze, selbst wenn es ihn gar nicht gibt.

Sei herzlich gegrüßt und genauest beschnüffelt – Zeit genug habe ich ja! – von Deinem unschuldig verurteilten und sehr hungrigen

Freund *Nick*

Wie Menschen heucheln

Lieber Nick,

das war wirklich ein langer, langer Brief, und beim Vorlesen ist er noch länger geworden, weil mein sie-Mensch zwischendurch immer wieder hat lachen müssen – du kennst ja das alberne Freudengeheul der Menschen, so zwischen Meckern und Schluckauf.

Als mein er-Mensch mittags aus dem Büro kam, hat sie ihm den Brief nochmals vorgelesen, und sie haben miteinander gelacht. Aber immer an den falschen Stellen: nicht, wo er lustig ist, wie wenn Du mit den Buben Fußball spielst, sondern wo er traurig ist, wie dort, wo die Schwiegermutter über den armen Fido fällt – gewiß hat sie ihm dabei weh getan! – oder wo Du in die Garage mußt. Doch Du mußtest ja nicht mal: Du bist ja freiwillig mitgegangen.

Bei all dem Lachen und Vorlesen ist die Suppe kalt geworden, und mein er-Mensch hat deshalb mit der Köchin gezankt. Die hat gesagt, sie hat sie heiß hereingebracht, und das ist wahr.

So sind die Menschen: über unseren Kummer lachen sie, bis das Essen kalt wird, und unsere Freude verstehen sie nicht. Nicht einmal mehr im Garten darf ich mich austoben, seit der Gärtner die neuen Rosen gepflanzt hat, die auch nur stinken werden wie die alten.

Also habe ich zu Hause keinen Auslauf mehr – geschweige denn im Wald. Wo Rehe sind, muß ich sowieso an die Leine, und wo sie mich frei laufen lassen, bleibe ich auch nicht in Frieden.

»Pfui!« rufen sie, wenn ich eine Hasenfährte aufnehme. Begegnet uns ein fremder Hund, dem ich schon von weitem anrieche, daß er mit mir spielen will: gleich wollen sie mich wieder an die Leine nehmen, und die fremden Menschen rufen ihren Hund auch zurück und tun, als wollten wir einander morden.

Kümmerten wir uns darum, wir gingen so steif aneinander vorbei wie unsere Menschen. Aber ich weiß ja Bescheid, und der andere auch, und so laufen wir vom Weg seitab in den Wald, wo es Büsche gibt, hinter denen wir lange spielen können, bis die Menschen uns finden. Will mich mein Mensch am Halsband fassen, weiche ich ihm so flink aus wie Du Deinem, wenn er Dich schlagen will. Schlagen solltest Du ihm abgewöhnen. Schlagen ist gemein. Meine Menschen schlagen mich nie; höchstens geben sie mir einen Klaps auf den Hintern – und selbst den nur, wenn sie sich sehr erbosen. Wie heute, weil ich den Briefträger geschnappt habe, als er Deinen Brief brachte.

Briefträger kann ich nicht leiden. Die nicht und Hausierer nicht und die Männer nicht, die vom Gas- und Kraftwerk kommen. Sie bringen Gerüche von so vielen fremden Häusern mit, daß man sich nicht mehr in ihnen auskennt. Das ist verdächtig. Ein guter Mensch riecht anders als ein böser Mensch: da weiß man, woran man ist. Wenn aber einer *gleichzeitig* nach Gut und Böse riecht, soll man ihn beißen. Vorsorglich. Im Zweifelsfall ist Beißen sicherer als Wedeln.

Meine Menschen riechen nur das Gröbste. Sie sehen nicht einmal gut. Mich lachen sie aus, wenn ich einen Lappen am Zaun anbelle, weil ich ihn für eine Katze halte, aber wer es gut mit ihnen meint und wer nicht, sehen sie so wenig, wie sie es riechen.

Einem Besucher, der oft zu uns kommt, rieche ich an, daß er meinen er-Menschen nicht leiden kann. Der aber nennt ihn »lieber Freund« und lügt nicht einmal dabei wie Dein Mensch, wenn er mit dem Gemüsehändler freundlich tut. Nein, er hat ihn wirklich gern.

Mir tut es leid, daß mein Mensch so stumpfe Sinne hat. Wenn er nicht dabei ist, knurre ich seinen Feind wenigstens an. Einmal, auf der Treppe, hat er mich treten wollen, weil er gemerkt hat, daß ich ihn durchwittere. Dann aber hätte ich ihn gewiß gebissen. Doch da kam mein er-Mensch, und der böse Gast hat mir den Kopf gestreichelt. So verdutzt war ich über seine Heuchelei, daß ich es mir habe gefallen lassen. Dumm wie er ist, sagte mein Mensch: »Sehen Sie, lieber Freund, der Seppli weiß, wer es gut mit ihm meint. Von anderen läßt er sich nicht anfassen.«

Der schlechte Mensch hat vor Falschheit gestunken, als er sagte: »Ich habe alle Hunde lieb, aber Ihren Seppli mag ich am liebsten.«

Dann haben sie einander die Hand gedrückt, was hier das Freundlichste ist; denn bei uns umarmen sich die Männer nicht und klopfen einander auch nicht auf den Rücken.

»Diesmal habe ich Sie um eine Gefälligkeit zu bitten«, habe ich den Heuchler noch sagen gehört, als sie hinaufgingen, und meinen Menschen antworten: »Verfügen Sie über mich . . .«

Wieder hat mir mein Mensch leid getan, denn der Heuchler wollte gewiß Geld von ihm – was sonst wollen Menschen voneinander, wenn sie um eine »Gefälligkeit« bitten? Oh, *hätte* ich ihn doch gebissen!

Mein Mensch ist nicht schlechter als andere. Wäre er es, ich scherte mich auch nicht darum, weil er doch *mein* Mensch ist und ich ihn liebhabe. Aber nein, er ist eher besser. Manchmal ist er so gut, daß er fast ein Hund sein könnte. Als gestern die Köchin wieder von den Mäusen anfing und durchaus eine Katze wollte, hat er sie abgefertigt: »Nein, es kommt *keine* Katze ins Haus! Ich habe es mir überlegt. Mit einer Katze käme Seppli nicht zurecht.«

Siehst Du, lieber Nick, so etwas versöhnt einen mit mancher Dummheit und Ungerechtigkeit. Es tut gut, wenn man den Menschen, den man liebt, auch achten kann. Du hast mir einmal geschrieben, daß Du Dich für Deinen Menschen zerreißen ließest. Ich auch! Glaube mir, Nick: ich auch.

Nur, daß ich es ihm nicht zeigen kann. Ich mag nicht

schmeicheln wie eine Katze. Darin ist meine Rasse so zurückhaltend wie Deine. Scotch-Terrier und Deutsche Boxer sind eben harte Rassen und keine Schoßhunde. Meine ist gezüchtet, um sich mit Füchsen und Dachsen herumzubeißen, und Deine, um ihre Menschen zu schützen. Sogar Polizeihund könntest Du werden und schlechte Menschen jagen wie Hasen. Dafür bin ich leider zu klein.

Was ist zu machen? Uns Scotties hat man *kurze* Beine angezüchtet, damit wir in Fuchslöcher schliefen können, und in die kämst wieder Du nicht hinein. Dafür bist Du so groß und stark, daß Du nicht einmal vor dem Jaguar Angst hast.

Du weißt nicht, wie ein Jaguar aussieht, Nick? und lebst doch in Brasilien, wo er daheim ist! Sieh mal: da weiß ich mehr als Du. Oben auf dem Zürichberg ist nämlich der Zoologische Garten, und mein sie-Mensch nimmt mich oft dorthin mit. Eigentlich sollte sie mich vor dem Tor ans Gestell binden, wo die anderen Hunde auf ihre Menschen warten. Dort aber hat mal ein drahthaariger Foxterrier uns friedliche Hunde so durcheinandergestrubelt, daß der Wärter vom Raubtierhaus geholt werden mußte, um uns wieder auseinander zu bringen. Ich habe geblutet und andere auch. – Foxterrier sind verrückt nervös (die drahthaarigen besonders). Ohne Selbstbeherrschung sind sie, das liegt in ihrer Rasse.

Seither nimmt meine Menschin mich mit in den Zoo,

weil sie sich so ängstigt, daß ich totgebissen werde, wie Dein Mensch, daß Du totgeschossen wirst. Der Portier kennt uns, und wenn frühmorgens noch kaum Besucher im Zoo sind, tut er, als sähe er mich nicht. Die Wärter drinnen kennen mich auch und wissen, daß ich den Löwen und Büffeln nichts tue. Nur bei den Füchsen juckt mir die Nase und, versteht sich, bei der Wildkatze. Aber meine Menschin trägt mich in einer großen Handtasche – sonst dürfte ich überhaupt nicht in den Zoo –, und selbst wenn ich herausspränge, nützte es mir nichts, denn die Bestien sind hinter Gittern.
Im Zoo also habe ich den Jaguar gesehen – nicht nur *einen*: zwei! Ein Männchen und ein Weibchen.
Sie sehen fast aus wie die Leoparden im Käfig nebenan. Aber die kennst Du ja auch nicht. Stell Dir also Katzen vor, groß wie Bernhardiner; so sind Jaguare. Dein Mensch hat schon recht, wenn er sie »Großkatzen« nennt. Ihr Kopf ist rund und groß und plattnasig – nun, Deines Kopfes wegen hat man Dich ja für einen Jaguar gehalten, und so weißt Du, wie *sein* Kopf aussieht. Sein Leib aber ist anders als bei einem Boxer. Eher wie bei einer trächtigen Riesenkatze; denn sein Bauch hängt tief. Die Leute in Deinem Dorf haben gewiß noch keinen Jaguar gesehen, sonst wüßten sie, daß er gefleckt ist wie ein Dalmatiner-Hund und nicht gestromt wie ein Boxer. Dickere Tatzen als Du hat er auch und wahrscheinlich Krallen darin; die aber hat er mir nicht gezeigt; die hat er eingezogen. Das kann er ja

als Großkatze. Katzen sind falsch; deshalb zeigen sie weichere Pfoten als wir. Doch wehe dem, der sich darauf verläßt! Ich weiß Bescheid, ich habe meine Narbe überm Auge.

Mein er-Mensch aber weiß nicht Bescheid, und so hat er seinem katzenfalschen Gast noch »Viel Glück!« nachgerufen, bevor er das Scheckbuch wieder eingesteckt hat. Er wird die Krallen schon zu spüren bekommen ...

Mit den Mäusen räume ich rüstig auf. Nur im Weinkeller rieche ich noch welche, aber dort kann ich nicht richtig jagen, weil zu viele leere Flaschen herumliegen. Doch Geduld! Der Hunger muß sie heraustreiben. Bisher haben sie die Etiketten von den Flaschen geknabbert, weil hintendran Kleister ist; aber mehr finden sie nicht im Weinkeller. Die kommen mir noch! Ich brauche nur zu warten, und ich kann mich beherrschen. Ich bin doch kein verrückter Foxterrier, sondern ein schliefender Jagd-Scotch.

In Freundschaft hebt das Bein

Seppli

P. S.: Mein sie-Mensch hat mir Deinen Brief zu riechen gegeben, aber es war nichts von Hund daran, nur die Witterung von Deinem Menschen. Wie *er* riecht, weiß ich nun: nicht schlecht; wenigstens nicht *ganz* schlecht, trotzdem er Katz heißt; aber dafür kann er wohl nichts.

5 Vom Schwatzen und Nachdenken

Lieber Seppli,

nein, dafür kann mein Mensch nichts, daß er »Katz« heißt, das ist Schicksal, wie ich »Nick« heiße und Du »Seppli«. Mit Charakter hat das nichts zu tun. Wenn wir einem Baum anschnuppern, wer an ihm das Bein gehoben hat, erkennen wir keinen Namen, sondern einen Hund, ob er nun Fido heißt oder Rolf. War es ein Freund, wedle ich, war es ein Feind, sträubt sich mir das Nackenfell. Auf den Charakter kommt es an, nicht auf den Namen. Tauschten Fido und Rolf die Namen: ich würde nicht irre werden; ich wittere das Wesentliche.

Wie einer *ist*: darauf kommt es an; nicht, wie er heißt.

Das gilt auch von Menschen. *Wir* riechen, ob einer brav ist oder böse, *sie* merken das nicht. Sie halten sich ans Äußere. »Er hat einen guten Namen« ist ihnen wichtiger als: Er hat ein gutes Herz. Deshalb protzen sie voreinander und heucheln voreinander und lügen einander an. Schmeichelt ihnen jemand mit Katzenpfoten, so trauen sie ihm keine Krallen zu. Sie haben eben keine Nase dafür, ob er es gut mit ihnen meint.

Wenigstens *das* weiß mein Mensch, und darin verläßt er sich auf mich. Wenn ich jemanden anknurre, ruft er zwar: »Kusch!« aber nur dem anderen zuliebe, denn er blickt mich dabei so nachdenklich an, daß ich weiß, er hat mich verstanden. Dann paßt er auf, so katzenfreundlich der andere auch schnurrt. Wie damals oben in den Bergen das Ehepaar, dessen Haus wir für ein Jahr gemietet hatten. Aber das ist ein anderes Erlebnis, das ich Dir später einmal berichten will.

Jetzt ist mir nachdenklich zumute, weil ich zum Laufen zu müde bin und nur so herumliege. Gestern haben wir nämlich den »Bico de Papagaio« erstiegen, der ein so steiniger Berg ist, daß ich mir die Pfoten durchgelaufen habe und sie jetzt heil lecken muß.

Hätte mein Mensch bloß nicht die widerliche Salbe daraufgeschmiert! Sie schmeckt gallebitter, und ich muß sie doch herunterlecken. Mein Mensch weiß nicht, daß Speichel die beste Salbe ist. Blute ich, schmiert er mir die stinkige Salbe auf und klebt noch ein Pflaster so fest darüber, daß ich Mühe habe, es abzunagen. Es ist zum Verzweifeln – aber was ist zu tun: Menschen sind nun einmal dumm . . .

Dabei gibt es schlechtere Menschen als meinen, das hast Du richtig gerochen. *Ganz* schlecht ist er nicht – nur eben stumpfsinnig.

Manchmal, freilich, hat auch er helle Augenblicke.

So gestern, als wir beide hundemüde vom Berg heimkamen. Er hatte schon die Kleider herunter und wollte sich duschen, als er sah, daß ich vor Hitze hechelte.

Da hat er mich eingeladen: »Komm mit unter die Dusche, Nick! Dir ist auch heiß.« Das war anständig, denn Duschen ist nicht wie Baden. Wie Regen ist es und ohne Seife. Nur er hat sich nachher eingeseift, während ich mich inzwischen in der Lehmgrube trockengewälzt habe.

Doch der helle Augenblick war schon vorbei, als draußen jemand in die Hände klatschte.

Wer war es? Ein katzenfreundliches Menschenpaar aus der Stadt. Gleich ist auch er katzenfreundlich geworden. Wie er über die Hecke guckt und sie erkennt, knurrt er zwar zu mir heraus: »Verflucht!«, ihnen aber schwatzt er honigsüß hinaus: »Küß' die Hand, gnädige Frau! Willkommen, Herr Konsul! Wie ich mich freue! Einen Augenblick, bitte! Machen Sie sich's auf der Veranda bequem, ich bin gleich bei Ihnen!«

In die Küche ruft er: »Bringen Sie Gin-Tonic hinaus, Doña Marta, und Eis, und servieren Sie den Herrschaften!« – aber nur durch den Türspalt, weil er nackt ist und die Menschen sich schämen, wenn sie keine Kleider anhaben. Er hat ja kein Fell, der Arme, nur ein bißchen auf der Brust und an den Beinen.

Die draußen rufen: »Lassen Sie sich nicht stören, Senhor Ricardo, wir wollten nur nachsehen, wie es Ihnen geht, und müssen gleich wieder fort!« – Auch das war gelogen, denn wenn *die* zwei kommen, wollen sie trinken und schwatzen. Nun, mein Mensch hatte schon vorher gelogen, denn er freut sich *nicht*, sondern hat solch eine Stinkwut, daß ich sie bis in die Lehmgrube rieche. Ist er doch müde wie ich, nach sieben Stunden im

Gebirge bei solcher Hitze, und voller Seife ist er auch. Den ganzen Weg bergab hatte er sich auf die Dusche gefreut. – »In zwei Stunden, Nick, bin ich unter der Dusche!« hatte er mir vorgerechnet, und: »In *einer* Stunde!« Und zuletzt: »*Gleich* bin ich unter der Dusche! Dann trinken wir eine gute kalte Flasche Bier!« Was auch nicht stimmt, denn das Bier trinkt er allein, und mir gibt er Wasser aus der Leitung. Nach außen schmeichelt er: »Machen Sie es sich bequem, bitte!« und mich knurrt er an: »Hundertmal schon habe ich die Langweiler gebeten, daß sie vorher telefonieren!«

Die Köchin zischt er durch den Türspalt an: »Den *englischen* Gin, Doña Marta, nicht den hiesigen! Wie oft soll ich Ihnen das sagen? Wenn ein Diplomatenschild auf dem Auto ist, *immer* den englischen!« Dabei kann die Köchin nicht lesen. Wie soll sie wissen, was auf dem Auto steht?

So ungerecht ist er mit ihr. Fast wie mit mir! Die verschwitzten Kleider wirft er ihr in die Küche, daß es nur so klatscht und sie hinterher aufwischen muß. Denn unordentlich ist er auch, sosehr er mit *mir* zankt, wenn ich mich nach der Lehmgrube auf den Teppichen wälze, um richtig trocken zu werden.

Im Schlafzimmer zieht er frische Wäsche an und brummt, weil der Leinenanzug nicht so gestärkt ist, wie er ihn haben will, und bindet sich die Krawatte um und jault: »Die auch noch!« Bevor er draußen ist, schwitzt er schon wieder und riecht wie ein Bauer nach der Arbeit.

Kaum aber ist er über der Veranda-Schwelle, grinst er von einem Ohr zum anderen, reicht den Besuchern beide Hände hin und heuchelt: »Nein, wie ich mich freue!«

Siehst Du, Seppli, so sind die Menschen! Auch wenn sie, wie meiner, nicht die schlimmsten sind; damit haben wir uns abzufinden.

Daran denke ich, während ich mir die Pfoten heil lecke. Das ist zwar nicht so aufregend wie mein Erlebnis mit dem Jaguar, den es nicht gegeben hat; aber es ist wichtiger, denn ich erlebe es Tag für Tag und Du wahrscheinlich auch.

Wie Menschen nur so lügen können! Wütend sein und lächeln!

Wenn *wir* wütend sind, beißen wir, und wenn wir uns freuen, wedeln wir. Weil wir ehrlich sind. Wir könnten gar nicht anders. Menschen aber lächeln einander auch dann an, wenn sie einander zerreißen möchten. Du solltest nur gesehen haben, wie mein Mensch gelächelt und sich die Hände gerieben hat, während er die beiden ins Haus komplimentierte! Einen krummen Rücken hat er dabei gemacht, als ob er wirklich eine Katze wäre und nicht nur so hieße. Für seinen Namen kann er freilich nichts. So wenig, wie ich dafür kann, daß ich Nick heiße, was, sagt er, im Englischen so etwas wie Teufel bedeutet, oder wie der Berg dafür kann, daß er »Bico de

Papagaio« heißt, weil er von einer Seite wie ein Papageienschnabel aussieht – aber nur für Menschen, für mich sieht er aus wie ein Berg.

Unser Metzgerhund heißt »Lord« und ist ein Strolch, der sogar Hündinnen beißt, wenn sie in den Laden wollen, und der Dackel, dem die Deutschen neben dem Kloster gehören, heißt »Strolch« und hat so feine Manieren, daß er mich aus seinem Napf essen läßt, wenn mein Mensch seine besucht.

Namen gehören zum Geschwätz der Menschen. Zum Rufen mögen sie taugen, aber die Menschen wollen auch noch Sinn hineinbringen – *ihren* Sinn, versteht sich –, und das ist dumm.

Die Waldhunde haben überhaupt keine Namen, nur »Hund« ruft man sie oder »Biest« oder nach ihrer Farbe, und doch sind sie so tüchtig, daß sie sich auch ohne Menschen durchs Leben schlagen können; denn sie sind findige Spürer und essen alles.

Vom Geschwätz der Menschen also will ich Dir erzählen, weil ich darüber nachdenke, während ich mir die Pfoten gesund lecke.

Lange noch haben die Gäste mit meinem Menschen über nichts und wieder nichts geschwatzt: über andere Menschen wenig Gutes und dann das öde Zeug, das sie »Politik« nennen. Erst lesen sie es in der Zeitung und dann erzählen sie es mit wichtiger Miene denen, die es auch gelesen haben.

Dabei weiß mein Mensch, wie albern das ist.

»Daß sie dumm sind, ist nicht das ärgste«, jault er mich nachher an. »Das ärgste ist, daß sie dazu noch klatschen.« – Dabei hat er selber mitgeklatscht oder doch ein »Ja« oder »Gewiß« dazwischengebracht.

»Du bist zwar ein Kretin, Nick«, sagt er zu mir, wie sie endlich fort sind, »aber wenigstens machst du nicht andere schlecht.«

Er kann es nicht lassen, der aufgeblasene Mensch. Klatschen ist das schlimmste, sagt er, aber mich, der es nicht tut, schimpft er Kretin. Daß man solch ein zweibeiniges Großmaul auch noch lieben muß, ist wahrlich ein Verhängnis!

Er schwatzt über andere, aber es fällt ihm nicht ein, daß auch sie über ihn schwatzen. Ich weiß es: ich höre von der Veranda, wie sie loslegen, kaum daß sie auf der Straße sind. Wüßte er, wie sie über ihn sprechen: er verkröche sich unter die hinterste Bananenstaude.

Wie Dein Mensch ist er: sieht nur die glatten Pfoten und merkt nicht, daß Krallen darin stecken. Auch meiner erkennt sie erst, wenn sie ihn zerkratzt haben. »Wie konnte ich mich nur so ihn ihm täuschen?« winselt er dann, oder: »in ihr.« Je nachdem.

Dann aber ist es zu spät, wie damals bei der Doña Elsa, die ihn vorher so zärtlich angeschnurrt hatte und nachher schrie, daß er sie heiraten muß. *Das* war ein Krach!

Über das, was sie »Liebe« nennen, schwatzen und klatschen sie am meisten. Über die Liebe der anderen, versteht sich, nicht über ihre eigene. Von der weiß niemand

etwas, denken sie. Doch über die schwatzen die anderen, wenn sie nicht dabei sind.
In unserem Dorf weiß jeder alles vom anderen und bildet sich dabei ein, daß der nichts von ihm weiß.
Unlängst war der Polizeikommissar zu Besuch, und mein Mensch hat ihm geschmeichelt: »Wie Sie das nur fertigbringen, Senhor Comissario! Am nächsten Tag schon hatten Sie den Kerl, der den Waldbauern angeschossen hat!«
»Das ist einfacher, als Sie denken, Senhor Ricardo«, hat der Kommissar geschmunzelt. »Ich habe eben seine Nachbarn gefragt.«
»Aber er hat doch keine Nachbarn«, hat sich mein Mensch gewundert. »Sein Hof liegt doch mitten im Wald.«
»Jeder hat Nachbarn«, hat ihn der Kommissar belehrt, »auch wenn sie noch so weit sind. Schon der erste, den ich fragte, hat gewußt, daß der lange Antonio vom Holzfäller-Lager ein Verhältnis mit der Bäuerin hat. Da habe ich nicht lange suchen müssen. – Jetzt sitzt er bei mir im Arrest, und nach dem Prozeß wird er noch zwei, drei Jahre weitersitzen, weil der Schuß ins Knie gegangen ist und der Bauer zeit seines Lebens hinken wird.«
»Alles wegen der Liebe«, hat mein Mensch geseufzt, und der Kommissar hat mitgeseufzt: »Ach ja, die Liebe . . .«
Als ob das Liebe wäre, daß sie einander ins Knie schie-

ßen . . . Die Menschen machen sich die Liebe so schwer wie das Essen, in das sie auch so viele Zutaten tun, daß es seinen Geschmack verliert.
Wir wissen, worauf es ankommt: aufs Fleisch und nicht auf die Zutaten.
Sie aber schwatzen über die Liebe und schreiben über die Liebe und machen sich wichtig mit ihrer Liebe – und was kommt dabei heraus? Ein Schuß ins Knie und zwei, drei Jahre in der Garage, die sie Gefängnis nennen.
So ernst nehmen wir die Liebe auch dann nicht, wenn wir uns einmal um eine Hündin beißen. Das ist nur zum Schein und ihr zu Gefallen. Entweder bekommt sie der Stärkste, wie sich das gehört, oder der Schlaue, der sich an sie heranmacht, während die anderen raufen, und auch das ist richtig, denn warum vergessen sie in ihrer Hitze, daß das Fleisch wichtiger ist als das Getue darum herum.
Der Reihe nach kommen bei uns auch die anderen daran. So selbstsüchtig wie Menschen sind wir nicht – oder doch nur die bösen Hunde, wie der »Lord« vom Metzger, der keinen in den Laden läßt, auch wenn er selber vollgefressen ist. Sogar vom Wagen, der die Knochen holt, will er uns wegbeißen, der Gierschlund! *Der* verdient einen Schuß ins Knie!
Jetzt hat das Dorf wieder was zu schwatzen seit dem Jaguar, den es wahrscheinlich nicht gegeben hat; und mein Mensch schwatzt und klatscht mit über den Anto-

nio und die Waldbäuerin. Was denn! Von der Doña Elsa, glaubt er, weiß niemand was, trotzdem die damals gebrüllt hat, daß es bis ins Kloster zu hören war.

Wir haben nämlich auch ein Kloster in der Nähe, ein angenehmes Haus. Ich bin mit dem Bruder Pförtner befreundet, und er läßt mich hinein, sooft wie ich will. Sonntags bin ich immer dort; da gibt es Braten, und der Bruder Küchenmeister hebt mir die Knochen auf. Wochentags kocht er nur Suppe und Grütze, aber manchmal esse ich auch die, um ihn nicht zu beleidigen.

Ich bin gern im Kloster. Die Menschen darin schwatzen nicht viel; sie lesen in einem Buch und murmeln nur vor sich hin.

Wenn mir das Geschwätz bei uns zu Hause zuviel wird, mache ich einen Besuch im Kloster. Dort ist es ruhig, und keiner zankt mit mir.

Der Prior wollte sogar, daß ich ganz dort bleibe, als Wachhund, damit ihm nicht immer wieder die Bananen gestohlen werden und das Holz. Wo ich aufpasse, stiehlt keiner was.

Aber mein Mensch will mich nicht hergeben. »Nein, den Nick behalte ich«, hat er dem Prior gesagt. »Auch in Ihrem Interesse, Hochwürden. Sie wissen nicht, was Sie sich mit dem aufladen würden.«

»Bei *uns* ist er brav«, hat der Prior erwidert, so mit leisem Vorwurf, und ist gegangen. Mein Mensch war verlegen, und ich habe es ihm gegönnt.

»Was bist du doch für ein Heuchler, Nick«, hat er mir vorgeworfen. »Drüben bist du brav, und hier ist es nicht mit dir auszuhalten ... Schau nur den Dreck an, den du wieder hereingebracht hast!« Dabei waren es nur die Abdrücke von meinen Pfoten, weil es draußen regnete, und er hatte mehr Schmutz an den Schuhen als ich an den Pfoten.

Hinterher schimpft die Köchin über ihn, weil sie wieder saubermachen muß, mehr als er über mich – aber nur heimlich. »So ein Schmutzfink«, knurrt sie, »nie streift er die Schuhe ab, und draußen liegt die Matte!«

Wenn er es aber selber merkt, schmeichelt sie: »Das macht nichts, Senhor Ricardo, das ist nur Erde; das bürste ich gleich wieder aus!« Denn heucheln kann auch sie – und wie! Sie ist eben auch nur ein Mensch, obschon ein klügerer als er, weil sie wenigstens kochen kann. Aber *wie* kann sie schwatzen!

Wenn mein Mensch aus dem Hause ist und die Hebamme in die Küche kommt, um mit ihr Kaffee zu trinken oder sich von ihr Mehl auszuborgen oder Eier, ratscht sie stundenlang mit ihr. Die Hebamme bringt nie etwas zurück; dafür hört sie alles an und nickt mit dem Kopf und schmeichelt der Köchin wie die meinem Menschen.

Vielleicht gehe ich wirklich als Wachhund ins Kloster, um all das Geschwätz loszuwerden. Dort hätte ich meine Ruhe, und wenn man älter wird, ist einem Ruhe fast lieber als alle Tage Fleisch.

Der Bruder Küchenmeister hat mir schon eine Decke hinter den Herd gelegt und läßt mich riechen, was er kocht. Magerer kocht er als unsere Köchin, aber wenigstens ist er still dabei. Wird man grau um die Schnauze, braucht man Ruhe.

Doch mein Mensch kann das Schwatzen nicht lassen, so grau er auch ist. Ich möchte wohl wissen, wie er sich anstellte, wenn *ich* so viel bellte und jaulte! Nur wenn er am Schreibtisch sitzt, schweigt er.

Schade, daß ich ihn so lieb habe! So lieb wirklich, daß ich vor Angst gezittert habe, er könnte mich ins Kloster schicken. Du weißt ja, wie es ist, Seppli: klagen darf man über seine Menschen, aber verlassen darf man sie nicht. – Nie! – Trotz ihrem albernen Geschwätz und Geklatsch.

Nicht einmal, wenn er stürbe, ging ich ins Kloster. Dann ließe ich mich vor Leid verhungern.

Ob ich das aushielte? Vielleicht doch nicht. *Einen* Tag gewiß. Zwei? Mag sein. – Aber länger ...? Hunger tut weh. Nein, ich glaube, ich hielte es nicht aus bis zum Verhungern. Obzwar die blaugelbe Arara, die wir vorher hatten – »Selma« hieß sie und war um nicht besser als unsere rot-grüne »Rachel« –, als er weggefahren war, nichts gegessen hat, bis sie tot war. Und war doch nur ein Vogel ...

Was einem so alles einfällt, wenn man sich die Pfoten leckt ... In diesem Brief steht nur Nachdenkliches, und Du machst Dir wahrscheinlich nichts daraus. Du bist ja

jünger als ich. Zwei Jahre Unterschied ist eine Menge, wenn es Hundejahre sind; denn die gelten siebenmal mehr als Menschenjahre.
Auch ist meine Rasse nachdenklicher als Deine. Über Scotchterrier weiß ich Bescheid.
Nicht nur von der Hunde-Ausstellung kenne ich Euch; ich kenne Euch genauer als dort Euer Richter, denn der ist ein Mensch und beurteilt Euch nur von außen.
Eine Scotch-Hündin besucht uns oft mit ihren Menschen. Sie duftet sehr pikant; ich weiß nicht, was Du gegen Eure Weibchen hast. Hätte sie nur längere Beine: ich machte ihr gewiß Welpen. Daß sie nach mir schnappt, will nichts besagen, das gehört dazu, das tun sie alle. Du weißt ja, wie sich Hündinnen zieren, auch wenn sie gern möchten: fast wie sie-Menschen benehmen sie sich dann. Aber *so* niedrig, wie sie gebaut ist – nein, es ist unmöglich . . .
Auch vom Strand her, wo die Menschen baden, kenne ich welche von Deiner Rasse. Viele habe ich dort abgeschnüffelt! Sie sind springiger als wir Boxer, trotz ihrer kurzen Beine, und wollen immerzu spielen.
Auch ich spiele gern, am liebsten mit Kindern, aber doch nicht immer! Manchmal will ich auch still liegen und nachdenken. Bei uns Boxern liegt das in der Rasse; deshalb haben wir Falten im Stirnfell: vom vielen Denken.
»Ich wüßte gern, was du denkst«, wünscht sich mein Mensch, wenn ich, den Kopf zwischen den Pfoten, die

Stirn krausziehe. – Wüßte er es nur! Er würde mich endlich verstehen und anders behandeln ...

Ihr Scotchterrier aber hopst nur herum und nehmt Euch keine Zeit zum Denken. Deshalb habt Ihr eine glatte Stirn, und deshalb auch sind Deine Briefe kürzer als meine. Ihr kommt mir vor wie Menschenkinder; die denken auch nicht und wollen nur spielen.

Damit will ich Dich nicht beleidigen, Seppli; ich habe Menschenkinder gern. *Zu* gern sogar. Das hat mich schon oft in Mißlichkeiten gebracht und meinen Menschen erst recht. Ich meine nur, daß Euch ein Tennisball lieber ist als Nachdenken. Wäre es noch ein Fußball! Aber der ist ja zu groß für Euch.

Es gibt so viel zum Nachdenken. Fängt man einmal damit an, wird man nicht fertig. Eines führt zum andern. Es ist, als schnuppere man bloß am Waldrand herum, und ehe man sich's versieht, ist man mittendrin im Dschungel – in Stachelbambus oder Morast oder auf einer Lichtung, auf der man sich austollen kann. – Nur den Goldhasen, hinter dem man her ist, fängt man selten: den richtigen Gedanken, auf dessen Spur man schon war. Er schlägt einen Haken – und weg ist er ... Mag sein, ich tue meinem Menschen unrecht, wenn ich ihn für dumm halte – ebenso unrecht wie er mir, wenn er mich Kretin schimpft. Mag sein, wir wittern nur nach verschiedenen Richtungen und denken voneinander weg. Wenn er dann im Bambus steckt, bin ich auf der Lichtung, oder umgekehrt.

Denn auch er denkt, und wenn er am Schreibtisch sitzt, zieht er die Stirn so kraus wie ich, wenn ich die Pfoten lecke. Mag sein, wir sind *beide* dumm oder *beide* klug und verstehen einander nur deshalb nicht, weil ihn sein Denken anderswohin führt als mich das meine.

Manchmal freilich, wenn weder andere Menschen dabei sind noch andere Hunde, verstehen wir einander doch. Das ist selten und macht glücklich. Wenn wir zwei allein sind, denke ich bisweilen: *jetzt* versteht er mich! Und wirklich – er krault mich hinterm Ohr, wo es angenehm kitzelt, und sagt zärtlich: »Ein guter Kerl bist du doch, Nick, trotz allem, und Verstand hast du auch ...«

Dann lernt er von mir und ich von ihm.

So weiß ich von ihm, daß Hundejahre siebenmal mehr zählen als Menschenjahre, weil Hunde nur zehn Jahre alt werden, Menschen aber siebzig. Das ist zwar auch nur am Waldrand geschnüffelt, so obenhin, denn einige von uns und ihnen werden älter, und andere sterben früher. Auch sind wir Hunde nach *einem* Jahr weiter als Menschen mit sieben (so manche Hündin, die ich kenne, hat schon geworfen, bevor sie auch nur *ein* Jahr alt war); im großen ganzen aber mag es stimmen, und deshalb habe ich es mir zu eigen gemacht und Dir vorhin mitgeteilt.

Wittere ich aber dieser Spur weiter nach in den tiefen Wald des Denkens hinein, so erkenne ich: es kommt nicht darauf an, wie *lange* man lebt, sondern wie *gern* man lebt. Dann aber gilt ein Hundejahr nicht sieben –, sondern hundertmal mehr als ein Menschenjahr.

Daß einen das Leben *freut*, ob es nun lang sei oder kurz, darauf kommt es an. Und um wieviel mehr freut es mich als ihn!

Wie oft ist er mißmutig und verzagt. Hingegen ich! Wenn ich mich einmal gräme, ist *er* daran schuld. Sonst freut mich jeder Augenblick, den ich lebe, ob ich nun zu seinen Füßen liege oder im Wald jage oder mit den Buben Fußball spiele oder mit einer Hündin bin – und das freut mich am meisten. Deshalb weiß ich von jeder Hündin rundherum, wann sie läufig wird, und freue mich schon im voraus darauf. In ein paar Tagen ist die große schwarzbraune Waldhündin soweit, die aussieht wie eine Rottweilerin, nur schmächtiger. Eine bezaubernde Brünette! Das wird wieder eine Beißerei mit dem Waldhund-Pack geben, und auch darauf freue ich mich.

So habe ich viel mehr von zehn Jahren als er von siebzig. Ich denke nicht ans Sterben wie er; ich jammere nicht wie er: »Kaum daß man das Leben versteht, geht es schon zu Ende . . .« Ich jaule nicht darüber, daß ich sterben muß. Nein, ich denke wie Fido: wenn ich nicht mehr jagen kann und raufen und mir nicht einmal mehr eine Hündin Spaß macht, dann ist es Zeit, ins Gras zu beißen.

Mein Mensch aber grübelt über sein Alter und über mein Alter, und wohin kommt er damit? frage ich Dich.

In den Stachelbambus der Sorgen und den Morast der Trauer. Doch er kann eben nicht anders, und manchmal steckt er auch mich damit an. So wie heute, als er mir aus einem Buch vorgelesen hat. Oft liest er laut, besonders wenn es sich reimt wie Dein »Ballett«. Heute aber hat es sich nicht gereimt, und er hat es nur für mich gelesen.

»Paß auf, Nick!« hat er gesagt. »Das ist etwas für dich: ein Märchen von Grimm.« Also habe ich den Kopf auf sein Knie gelegt und aufgepaßt.

»Die Lebenszeit« hat er mir aus dem Buch vorgelesen. »Das ist der Titel, und sabbere nicht so! Die Lebenszeit ist nicht zum Fressen, die frißt uns.« Dann las er:

»Als Gott die Welt erschaffen hatte und allen Kreaturen die Lebenszeit bestimmen wollte, kam der *Esel* und fragte:

›Herr, wie lange soll ich leben?‹

›Dreißig Jahre‹, erwiderte Gott, ›ist dir das recht?‹

›Ach Herr‹, erwiderte der Esel, ›das ist eine lange Zeit. Bedenke mein mühseliges Dasein: vom Morgen bis in die Nacht schwere Lasten tragen, Kornsäcke in die Mühle schleppen, damit andere das Brot essen, mit nichts als Schlägen und Fußtritten ermuntert und aufgefrischt! Erlaß mir einen Teil der langen Zeit!‹

Da erbarmte sich Gott und schenkte ihm achtzehn Jahre.

Der Esel ging getröstet hinweg, und der *Hund* erschien. ›Wie lange willst du leben?‹ sprach Gott zu ihm.

›Dem Esel sind dreißig Jahre zuviel, du aber wirst damit zufrieden sein.‹

›Herr‹, antwortete der Hund, ›ist *das* dein Wille? Bedenke, was ich laufen muß; das halten meine Füße so lange nicht aus; und habe ich erst die Stimme zum Bellen verloren und die Zähne zum Beißen, was bleibt mir übrig, als aus einer Ecke in die andere zu schleichen und zu knurren?‹

Gott sah, daß er recht hatte, und er ließ ihm zwölf Jahre.

Darauf kam der *Affe*.

›Du willst wohl gern dreißig Jahre leben?‹ sprach der Herr zu ihm. ›Du brauchst nicht zu arbeiten wie der Esel und der Hund und bist immer guter Dinge.‹

›Ach, Herr‹, erwidert er, ›das sieht so aus, ist aber anders. Wenn es Hirsebrei regnet, habe ich keinen Löffel. Ich soll immer lustige Streiche machen, Gesichter schneiden, damit die Leute lachen, und wenn sie mir einen Apfel reichen und ich beiße hinein, so ist er sauer. Wie oft steckt die Traurigkeit hinter dem Spaß! Dreißig Jahre halte ich das nicht aus.‹

Gott war gnädig und schenkte ihm zehn Jahre.

Endlich erschien der *Mensch*, war freudig, gesund und frisch und bat Gott, ihm seine Zeit zu bestimmen.

›Dreißig Jahre sollst du leben‹, sprach der Herr, ›ist dir das genug?‹

›Welch eine kurze Zeit!‹ rief der Mensch. ›Wenn ich mein Haus gebaut habe und das Feuer auf meinem eigenen Herd brennt, wenn ich Bäume gepflanzt habe, die blühen und Früchte tragen, und ich meines Lebens froh zu werden gedenke, so soll ich sterben! O Herr, verlängere meine Zeit!‹

›Ich will dir die achtzehn Jahre des Esels zulegen‹, sagte Gott.

›Das ist nicht genug‹, erwiderte der Mensch.

›Du sollst auch die zwölf Jahre des Hundes haben.‹

›Immer noch zuwenig!‹

›Wohlan‹, sagte Gott, ›ich will dir noch die zehn Jahre des Affen geben, aber mehr erhältst du nicht.‹

Der Mensch ging fort, war aber nicht zufriedengestellt.

Also lebt der Mensch siebzig Jahre.

Die ersten dreißig sind seine menschlichen Jahre, die gehen schnell dahin, da ist er gesund, heiter, arbeitet mit Lust und freut sich seines Daseins.

Hierauf folgen die achtzehn Jahre des Esels; da wird ihm eine Last nach der anderen aufgelegt; er muß das Korn tragen, das andere nährt, und Schläge und Tritte sind der Lohn seiner treuen Dienste.

Dann kommen die zwölf Jahre des Hundes; da liegt er in den Ecken, knurrt und hat keine Zähne mehr zum Beißen.

Und wenn diese Zeit vorüber ist, so machen die zehn Jahre des Affen den Beschluß. Da wird der Mensch schwachköpfig und närrisch, treibt alberne Dinge und wird ein Spott der Kinder.«

»... Und treibt alberne Dinge«, wiederholte mein

Mensch traurig. »Bücher schreiben ... Und du hast mir wieder die Hosen durchgesabbert, du Sau!«
So endet er gewöhnlich, wenn er einmal so gut zu mir war, daß ich dachte: jetzt verstehen wir einander.
Daß ich beim Denken sabbere wie beim Essen, dafür kann ich nichts. Wenn ich denke, strenge ich mich an, und wenn ich mich anstrenge, schwitze ich aus der Zunge. Aber so ist er! Hätte er, statt zu schimpfen, nachgedacht wie ich: er hätte erkannt, daß der Hund verständiger geantwortet hat als der Mensch, ja, daß sogar der Esel und der Affe klüger waren.
Er hat eben die Hundejahre schon hinter sich und ist mittendrin in seinen Affenjahren, da ist nichts mehr zu machen ...
So, das ist wieder ein langer Brief geworden; aber denken braucht seine Zeit wie Pfotenlecken.
Laß mich bald wissen, woran *Du* denkst, lieber Seppli – wenn Du überhaupt denkst –
und sei freundschaftlich bewedelt und berochen
von Deinem wundpfotigen Freunde *Nick*

Von Rassen und Rassenwahn

Lieber Nick,

Du tust mir Unrecht! Ich bin nicht so verspielt, wie Du annimmst. Auch ich denke nach, und über Deinen Brief habe ich sogar tief nachgedacht, Du magst es glauben oder nicht.

Vor allem deshalb, weil ich nun erst weiß, wie Du riechst und bist. Es war aufmerksam von Deinem Menschen, dem Brief ein Büschel Deiner Haare beizulegen – abgestoßene Haare zwar nur vom Fellwechsel, aber doch imprägniert mit Deinem Charakter. Also: Du bist mutig, starrköpfig und eingebildet.

Jawohl, auch eingebildet bist Du. Das habe ich mit der Offenheit festzustellen, die sich zwischen Freunden ziemt. Dieses Parfüm ist nicht zu verkennen, nur allzu vertraut ist es mir vom Menschengeruch her.

Damit will ich Dich nicht verletzen – obzwar Dein Brief manches enthält, das ich einem andern Hund nicht durchgehen ließe, ohne zu beißen –, sondern auf einen Fehler hinweisen, den Du Dir klarmachen solltest: Du bist überheblich, lieber Nick. Wie Du über meine Rasse denkst, erweist es.

Nur überhebliche Hunde – und Menschen – urteilen so von oben herab über fremde Rassen. Du versuchst zwar, meine zu verstehen, doch nur mit dem Vorbehalt, daß Deine besser ist, weil sie Denkerfalten hat und mit einem Fußball spielen kann statt, wie meine, nur mit einem Tennisball. Als ob das etwas Besonderes wäre oder gar etwas Besseres! Du kommst mir vor wie meine Köchin, wenn sie über die Italienerinnen loszieht, die in der Nachbarschaft dienen. *Das* aber sollten wir nicht von unseren Menschen lernen.

Wenn ich nur mit meiner Rasse verkehren wollte, könnte ich mir lange die Pfoten lecken. Und was hätte ich davon? Engstirnig würde ich und eine Menge Spaß ginge mir verloren.

Auch meinen Menschen hat Dein letzter Brief kein Vergnügen gemacht. Meine Menschin hat einige Male gegähnt, während sie ihn vorlas, und Du weißt ja, daß Menschen gähnen, wenn sie sich langweilen, und nicht wie wir, wenn wir uns freuen.

»Ich möchte wirklich wissen, was mit Ricardo los ist«, hat sie überlegt, als sie fertig war. »Ein so langer Brief, und nichts geht darin vor.«

»Vielleicht hat er es mit der Leber«, meinte mein er-Mensch. »In den Tropen macht sie vielen zu schaffen ... Kein Spaß im Brief, nur Nasebohren im Geist. Er wird eben alt, der gute Ricardo.«

»Aber es ist doch sein *Hund*, der Nick ...«, hat mein sie-Mensch bedacht. »Er hat sich die Pfoten durchgelaufen, der Arme. Das ist es. Wenn dich dein Rheuma plagt, bist du auch nicht bei Laune.«

»Dann schreibe ich aber keine Briefe«, hat er eingewen-

det, und das ist wahr; wenn ihm was fehlt, liegt er auf dem Sofa und läßt nicht einmal mich heran.
»Antworte ihm nicht so nachdenklich, Seppli«, hat er mir geraten. »Du bist doch ein *lustiger* Hund, was?« Und damit hat er mir den Tennisball geworfen.
Doch ich bin sitzengeblieben, um ihm zu zeigen, daß mir ein Tennisball *nicht* lieber ist als Nachdenken.
Es war gut, daß ich nicht gespielt, sondern zugehört habe, denn nun hat mein sie-Mensch gefragt: »Sag mal, *warum* sind Boxer nachdenklich? Sie sollen doch boxen und nicht nachdenken. Weshalb heißen sie sonst Boxer?«
Mein er-Mensch hat erst geknurrt: »Fragen hast du, wenn ich ins Büro muß!«, ist aber doch ans Bücherregal gegangen und hat im Lexikon nachgeschlagen: »... Box: Büchse, Schachtel, Abteilung im Stall ... *Boxball:* – das ist es auch nicht ... *Boxbeutel:* falsche Schreibweise für Bocksbeutel ... verflixt! ... *Boxen:* Faustkampf im allgemeinen Sinn ... Himmel, bald zwei Uhr! ... *Boxer:* kleinere Form des Bären- oder Bullenbeißers, siehe Hunde ... Der Teufel hole es, nicht einmal meine Mittagszigarre läßt du mich in Ruhe rauchen ... Wo ist nur das Hundebuch? ...«
Darin hat er es endlich gefunden und daraus vorgelesen: »›Obschon die Boxer erst während der letzten hundert Jahre in Deutschland zur Vollkommenheit gezüchtet worden sind, reicht ihre Rasse doch bis ins XVI. Jahrhundert zurück ...‹ Wenn schon! ... ›Der

Boxer ist ein Vetter fast aller anerkannten Bulldogg-Rassen und führt wie sie das Blut des uralten Molossus-Hundes . . .‹ Von mir aus! . . . ›Flämische Gobelins des XVI. und XVII. Jahrhunderts zeigen Jagdszenen mit Hunden, die . . .‹ mich gern haben können! ›. . . Außer Bulldoggen haben auch Terrier zur Boxerrasse beigetragen‹ . . . Da wäre Nick ja mit *dir* verwandt, Seppli, du bist doch ein Terrier!«

»Ich will aber wissen, warum er *Boxer* heißt«, hat mein sie-Mensch unterbrochen. »Gib *mir* mal das Buch!«

Das hat er natürlich nicht getan, weil er einen Trotzkopf hat wie Du, sondern geknurrt: »Warte doch! Ich bin schon dabei.« Und endlich war er genau dabei, was Menschen wichtig ist: beim Sinn des Namens. »›Den Namen Boxer haben diese Hunde von ihrer Art anzugreifen, denn unweigerlich beginnen sie jeden Kampf mit den Vorderbeinen.‹ So, da hast du deine Erklärung, und im Büro warten sie schon reihenlang auf mich!« – Weg war er.

Mein sie-Mensch hat geseufzt, das Buch genommen und weitergelesen: »›Die rühmlichen Eigenschaften des Deutschen Boxers sind Intelligenz, Furchtlosigkeit, Stärke und Schnelligkeit. Er ist ein treuer Freund seines Herrn und ein verläßlicher Wächter des Hauses. Kindern ist er besonders zugetan.‹ – Ein bißchen viel Lob«, hat mein sie-Mensch gemeint – und dann gerufen: »Schon wieder hat er seine Aktentasche liegengelassen!« Doch das bezog sich nicht mehr auf die Boxer.

»Wir wollen einmal sehen, was über *dich* darin steht, Seppli«, sagte sie im Weiterblättern, um mir nach so viel Lob über Deine Rasse auch einen Knochen zu geben. »... ›Schon seit dem XVI. Jahrhundert werden Scotchterrier beschrieben‹«, las sie. »Na, siehst du, Seppli, dein Stammbaum ist ebenso alt! ... ›Der Scotchterrier ist ein munterer und herzhafter Hausgenosse von treuem, wenn auch eigenwilligem Wesen. Trotz seiner Kleinheit ist er ein respektabler Wächter, denn sein Mut ist unbeugsam und sein Gebiß scharf. In Beißereien macht er auch größeren Hunden zu schaffen, indem er sie von unten an Brust oder Bauch angreift ...‹ Der Nick hat also nichts vor dir voraus«, stellte sie befriedigt fest. »Im Gegenteil, wenn einer so groß und kräftig ist wie ein Boxer, hat er es leicht, mutig zu sein. Du aber ...« Da hat das Telefon geklingelt, und sie mußte dem er-Menschen die Aktentasche nachschicken. So bin ich um mein besonderes Lob gekommen, weil mein er-Mensch vergeßlich ist.

Siehst Du, Nick: *jede* Rasse hat gute Eigenschaften.

Es ist ein dickes Buch, das sie alle beschreibt, und wahrscheinlich wird nicht nur Deine und meine darin gelobt, sondern eine jede von dem Menschen, der ihren Stammbaum im Klub-Register führt.

Nur verstehe ich nicht, warum die Menschen solchen Wert auf den Stammbaum legen. Mir ist ein Baumstamm lieber, an dem ich mein Bein heben kann.

Wie die sich haben mit unserer »Rasse«!

Als ob es nicht in jeder Rasse gute und böse Hunde gäbe! In meiner eigenen kenne ich welche, die pimpelig sind wie Malteser und dumm wie Windspiele.

Damit will ich nichts gegen deren Rassen sagen; sie haben dafür wohl andere gute Eigenschaften und schauen wahrscheinlich ebenso hochnäsig auf mich herab wie Du.

Auf den *Hund* kommt es an, nicht auf Rasse und Stammbaum und Namen.

Unser Gärtner gehört einem zottigen Braunen mit einem Kopf wie ein Spitz, Beinen wie ein Dackel und einem Schwanz wie ein Setter. Er hat nicht Rasse noch Stammbaum und ist doch ein braver Kerl, mit dem ich gern spiele. Nur in die Beete will er nicht mit mir laufen, damit sie nicht sein Mensch nachher wieder herrichten muß. Mit Rassewert ist es also nicht weit her – beim Hund so wenig wie beim Menschen.

Denke ich also nach oder nicht, Nick?

Ich habe sogar weiter gedacht als Du: auch auf den *Stand* kommt es nicht an. In Deinem Brief steht, daß Euer Metzgerhund ein Strolch ist und der Gemüsehund ein Kavalier und nicht einmal bissig, wie man es sonst im Alter wird. Um wieviel höher als er aber steht ein Metzgerhund! Zuallerhöchst steht er auf unserer Rangleiter. So hoch wie unter den Katzen die des Fischhändlers. Und doch hat er einen schlechten Charakter!

Das kommt davon, wenn man *zu* hoch steht.

Knochen sind gewiß gut; so gut für uns wie Fische für

Katzen und Geld für Menschen. Aber *zu* viel Knochen und *zu* viel Fische und *zu* viel Geld verderben den Charakter.

Die Katze unseres Fischhändlers ist ein vollgefressenes, aufgeblasenes Biest von besonders garstigem Benehmen. Sie liegt unterm Forellen-Bassin, und sooft ich auf der Straße vorbeikomme, zieht sie einen Buckel und faucht. Dabei mache ich mir nichts aus Fischen. Aber das tut sie bei jedem Hund und sogar bei jeder Katze. Deshalb ist sie allen verhaßt.

Dennoch schleichen die Katzen so unterwürfig um sie herum wie Ihr um den Metzgerhund und die Menschen um den dicken Grobian von Baumeister, dem die halbe Straße gehört. Weil er »Millionär« ist!

Warum eigentlich? Er gibt ihnen ja doch nichts von seinem Geld. Sowenig, wie der Metzgerhund Euch Knochen gibt oder die Fischhändler-Katze ihrem Pack Fische.

Doch seien wir ehrlich: sind *wir* viel besser?

Wenn es Koteletts gegeben hat und ich mehr Knochen bekomme, als ich bewältigen kann, hebe ich dann einen für den Gärtnerhund auf? Oder bringst Du dem Fido einen?

Nein, wir graben sie ein. Wir verstecken sie voreinander wie Menschen ihr überflüssiges Geld.

Meist vergesse ich später, wo ich sie verscharrt habe. Und wenn auch nicht: zu essen sind sie doch nicht mehr. Vielleicht vergißt auch der dicke Flegel, vor dem die anderen Menschen tief den Hut ziehen, wo er all sein Geld hat. Und weiß er es auch: was hat er davon? In mehr als *einem* Haus kann er doch nicht wohnen, so viele ihm auch gehören, und mehr als satt essen kann er sich auch nicht, so dick er ist.

Nun, Nick, denke ich nach oder nicht? Du hast mich wirklich beleidigt mit Deiner Hochnäsigkeit.

Mein sie-Mensch sagt zwar, das käme zwischen Freunden vor, und Dein Mensch hätte auch sie schon verletzt. Unter Freunden dürfe man eben nicht jedes Wort »auf die Goldwaage legen«.

Ich weiß nicht, was eine Goldwaage ist; ich stelle mir darunter etwas wie unsere Küchenwaage vor, auf der unsere Köchin nachwiegt, ob der Metzger nicht zu viele Knochen zum Fleisch gepackt hat – obschon *mir* Knochen lieber sind. Doch was immer eine Goldwaage sein mag, ich verstehe, was gemeint ist: daß man nicht gleich knurren soll, wenn ein Freund einem zu nahe tritt.

Vom Windhund nebenan hätte ich mir nicht vorwerfen lassen, daß ich keine Stirnfalten habe und daß mir ein Tennisball lieber ist als Nachdenken. Den hätte ich wieder ins Bein gebissen. Von Dir aber will ich es hinnehmen – *einmal* wenigstens.

Denke dafür Du nach, wie dem zumute ist, der den Brief *bekommt*.

Ich mache Dich auch nicht auf jeden Fehler aufmerksam. Sonst hätte ich Dir schon vorher geschrieben, daß man Kinder nicht gern haben, sondern anknurren soll.

Ich kann Kinder nicht leiden. Zu viele haben mich schon geplagt: am Schwanz gezogen, am Fell gerissen, sogar Steine haben sie nach mir geworfen. Erwachsene Menschen sind schon arg genug, aber Kinder sind noch ärger. Und Du liebst sie sogar! Im Hundebuch steht, das gehört zu Deiner Rasse. Ich will nichts gegen die Boxerrasse sagen, aber daß Ihr Kinder liebhabt, gehört *nicht* zu Euren guten Eigenschaften.
So, da hast Du Dein Teil, Du Dickkopf mit den Denkerfalten, und jetzt sind wir quitt.
Laß bald von Dir hören, aber mit mehr Spaß darin und weniger Hochnäsigkeit als in Deinem letzten Brief! Trotz allem verbleibe ich Dein Freund und hebe mein Bein auf Dein Wohl,

Seppli

P. S.: Weil gerade vom Bein die Rede ist: wie machst Du das eigentlich, daß Du mit den Beinen kämpfst? Zum Kämpfen sind doch die *Zähne* da!

6 Grosse Liebe zu kleinen Kindern

Lieber Seppli,

Dein Brief hat meinen Menschen mehr gefreut als mich. Daß Du mich starrköpfig und hochnäsig nennst, hat er mir mit erhobener Stimme vorgelesen und noch seinen Senf dazugegeben: »Siehst du! Da hast du es schwarz auf weiß! Mir glaubst du es ja nicht, du Trotzkopf.«
Derart bestärkst Du ihn in seinen Vorurteilen und erschwerst mir seine Dressur.
Nun, Deinen Haaren, die dem Brief beilagen, habe ich angerochen, daß auch Du kein Ausbund von Tugend bist. Aber ich lasse es dabei bewenden: wir sind quitt. Es wäre allzu menschlich, wenn ich das letzte Wort behalten wollte. Freunde muß man nehmen, wie sie sind, und nicht, wie man sie gern haben möchte. Schluß also mit der Kritik! Überlassen wir sie den Menschen! Es gibt welche, die davon leben, und mein Mensch hat Mappen voll von ihren Kritiken über seine Bücher.
Vor anderen tut er, als seien sie ihm gleichgültig, aber sie freuen oder ärgern ihn doch, das weiß ich; mir macht er nichts vor. Lobt ihn einer, nennt er das eine »gute« Kritik, mäkelt wer über ihn, eine »schlechte«. Doch mag sein, es könnte umgekehrt gelten ...
Schluß also! Überlassen wir es den Menschen, einander die Flöhe ihrer Fehler abzulesen. Wir sind ehrliche

Hunde und wollen uns nicht voreinander wichtig machen. Zu dem nun, was *uns* wichtig ist:

Du willst wissen, warum ich mit den Beinen kämpfe statt mit den Zähnen. Mit den Beinen *beginne* ich nur. Das muß mir im Blut liegen, denn ich bin der einzige Boxer im Dorf und habe es keinem andern absehen können. Mit meinen Vorderbeinen schlage ich dem Feind seine unterm Leib weg, daß er hinfällt. Dann stelle ich mich über ihn und kämpfe mit den Zähnen. Wie stark und scharf die sind, kann Dir der Rolf bezeugen; er weiß Bescheid: er hat sie ordentlich zu spüren bekommen.

Rolf, du weißt wohl noch, ist der große Schäferhund unseres Hausbesitzers. Er hatte sich als Herr aufgespielt, weil er so groß und stark ist und weil seinem Menschen das Gutshaus gehört und der halbe Berg dazu.

Bis *ich* kam. Ich habe ihm das Wilde abgeräumt.

Sein Mensch und mein Mensch sind gute Freunde und trinken zusammen und spielen Schach miteinander und sind überhaupt öfter beisammen, als mir lieb ist, denn mit dem Trinken und Schachspielen vergeht oft die Zeit, in der er mit mir ausgehen sollte.

Als der Hausbesitzer zum erstenmal zu uns kam, um Schach zu spielen, hat ihn der Rolf begleitet, und mein Mensch hat ihm einen Knochen gegeben, der eigentlich mir gehörte. So hat unsere Feindschaft begonnen.

In meinem Hause durfte ich Rolf nichts tun, weil er

Gast war, aber geknurrt habe ich doch: »Warte du nur, bis wir auf der Straße sind!«

Rolf hat zurückgeknurrt und sein Mensch hat meinen gewarnt: »Passen Sie auf Nick auf! Rolf ist scharf.«

»Keine Bange«, hat ihn mein Mensch beschwichtigt, »Nick paßt schon selber auf sich auf.« Damit haben sie sich an den Schachtisch gesetzt.

Rolf hat indessen den Knochen zerknackt und mich von Zeit zu Zeit über die Achsel angeknurrt: »Willst du etwas von mir?« Doch ich habe ihn nur still angestarrt und auf den Boden gesabbert, bis er mit dem Knochen fertig war. Zwar lief mir das Wasser im Mund mehr aus Appetit auf seinen schluckenden Hals zusammen als auf den Knochen; aber Gäste sind unverletzlich. Einmal muß er ja doch hinaus, habe ich so gedacht, wie Du vor dem Mauseloch. Richtig. Ihm ist das Schachspielen so langweilig wie mir, und so ist er, kaum daß er sich das Maul abgeleckt hat, durchs Fenster in den Garten gesprungen und über die Hecke auf die Straße. Ich gleich hinter ihm her.

»Halt!« belle ich, kaum daß wir auf der Straße sind.

Er dreht sich um, zeigt mir die Zähne, und schon schlage ich ihm die Beine unterm Leib weg.

Da liegt er auf dem Rücken und strampelt in die Luft.

Ich über ihn und – schnapp! nach der Kehle.

Leider *zu* hastig. Nur seine Schulter bekomme ich zwischen die Zähne – die aber tief.

Er heult auf vor Schreck und Schmerz.

Das ist ihm das erstemal passiert – ich meine das mit den Beinen. Gebissen hat er sich schon mit den meisten Hunden, umsonst ist er nicht ihr Meister geworden, aber boxen war ihm neu.

Zwar beißt er mich von unten in die Brust, erwischt aber nur Haare und Haut. Er schreit und tobt, ich aber lasse nicht los und gröle aus voller Brust. Das ist ein Krawall!

Unsere Menschen kommen gelaufen und fluchen aus Leibeskräften, aber daß sie nicht dazwischengreifen dürfen, wissen sie, denn wir sind blind vor Zorn. Ineinander verbissen wälzen wir uns auf dem Boden. Da kommt die Köchin mit dem Siphon vom Whisky angelaufen und spritzt den kalten Strahl über uns. Das kommt so unerwartet, daß wir voneinander lassen. Unsere Menschen packen uns am Halsband und zerren uns zu sich.

Geblutet haben wir beide, aber er mehr als ich. Mir hat nur ein bißchen Fell gefehlt, ihm aber ein Stück Fleisch aus der Schulter. Das habe ich für den Knochen geschluckt, den er mir weggegessen hatte.

Ja, dieses Mal haben wir ernsthaft gekämpft, und es hat gereicht. Jetzt weiß er, wie ich boxe, und Du weißt es auch.

Seither sträubt sich ihm das Fell, wenn wir einander begegnen – aber er macht mir Platz. Nur in seinen Park gehe ich nicht mehr. Dafür kommt er nicht mehr mit, wenn sein Mensch uns besucht.

So ist alles in Ordnung, und ich gebe nur noch dem Metzgerhund den Vortritt, damit er mich vielleicht doch in den Laden läßt. Mit den Waldhunden muß ich mich freilich immer noch beißen, aber das zählt nicht, weil sie nur im Rudel angreifen. Einzeln könnte ich jeden von ihnen zerreißen. Feiglinge sind sie – drei gegen einen!

Alle anderen Hunde hier herum sind kleiner als ich, und kleinen Hunden tue ich nichts und kleinen Menschen auch nichts – die liebe ich sogar.

Da sind wir bei den Kindern.

Du verstehst nicht, warum ich sie liebhabe. Ich weiß selbst nicht, warum. Das muß mir im Blut liegen wie das Boxen. Daß beides zu meiner Rasse gehört, steht ja in Eurem Hundebuch.

Eigentlich weiß man nie, warum man liebt.

Mit dem Hassen ist es anders: das hat seinen Grund. Bei Rolf war es der Knochen, bei den Menschen ist es meist das Geld, das sie einander nicht gönnen, oder die Frau. Ja, Haß hat seinen Grund.

Wie aber steht es um die Liebe? Warum liebst Du helle Hündinnen und ich dunkle? Warum wundert sich mein Mensch bisweilen: »Ich verstehe nicht, was der an ihr findet . . .« (oder: »die an ihm . . .«).

Für Liebe gibt nichts Greifbares den Grund, nicht Knochen noch Geld; Liebe kommt von innen. Liebe liegt im Blut. Warum liebe ich meinen Menschen und Du Deine? Sie verdienen es gewiß nicht. Ich weiß keinen

Grund. Auch dafür nicht, daß ich Kinder liebe. Ich kann nun einmal nicht anders. Liebe ist etwas Geheimes. Liebe ist etwas Schönes. Liebe ist etwas Starkes – etwas so Starkes, daß es auch Dummheit und Unrecht besiegt. Es ist stärker als der Schmerz.

Wie schmerzhaft haben mich Kinder schon geplagt! Gewiß öfter als Dich, Seppli, weil ich ihnen zulaufe, während Du ihnen aus dem Wege gehst.

Wenn ich ein Kind sehe, muß ich ihm das Gesicht ablecken, um ihm zu zeigen, *wie* lieb ich es habe.

Ach, wie vergelten es mir die Kinder ... Zwicken und an den Ohren reißen rechne ich gar nicht mit. Schlimmer ist, daß die Buben mit ihren Schleudern nach mir schießen – und hier hat jeder Bub so ein verflixtes Ding aus einer Astgabel und einer Gummischnur.

Das allerschlimmste war ein herziges kleines Mädchen, noch halbwegs zwischen Kriechen und Gehen, das mir die Hinterbacken mit Stecknadeln gespickt hat: immer eine nach der anderen aus dem Nähkissen ihrer Mutter, und jede bis an den Kopf hinein. Ich habe gewinselt, denn es hat *sehr* weh getan, aber weil es ihr Spaß gemacht hat, daß sie gejauchzt hat, bin ich sitzen geblieben. Schließlich war *ich* das Nadelkissen, und als die Mutter heimkam, hat sie die Hände über dem Kopf zusammengeschlagen. Das Herausziehen nachher hat noch mehr geschmerzt als das Hineinstechen; doch wenigstens weiß jetzt die Kleine, *wie* lieb ich sie habe.

Alle Kinder, die mich kennen, wissen das. Die andern

schreien vor Angst, wenn ich heranspringe, um sie zu küssen, und wie dumm sich gar manche Mutter anstellt, ist kaum zu glauben.

Wenn die Städter mit ihren Kindern sonntags herauffahren, um am Waldrand Picknick zu machen, gibt es immer wieder Aufregung. Ich kann mich nicht halten, wenn ich so ein liebes Kind sehe, aber kaum bin ich heran, wirft sich die Mutter zwischen uns und drischt mit allem, was sie zur Hand hat, auf mich los.

Sie schreit und das Kind schreit und der Vater läuft herbei, und daß mich noch keiner totgeschossen hat, ist ein wahres Wunder. Denn einen Revolver hat hierzulande fast jeder in der Tasche.

Erst hat mein Mensch zum Guten geredet. Seit aber eine Mutter ihren Sonnenschirm auf ihm zerbrochen hat, tut er, als gehöre ich nicht zu ihm. Haut mir eine Mutter ihre Handtasche um die Ohren, sieht er bloß von weitem zu.

»Schlimmer als damals bei der Hochzeit kann es nicht werden«, seufzt er, obzwar es damals keine Prügel abgesetzt hat, sondern bloß Ärger. Seither wohnen wir hier am Waldrand.

Damals wohnten wir oben im Orgelgebirge, in einem Städtchen, in dem die reichen Leute von Rio ihre Sommerfrische halten. Wir sind nicht reich, so sind wir auch im Winter oben geblieben, weil das billiger kommt.

Meinem Menschen war das recht. »Wie ein Sommer in

Europa«, hat er es sich gelobt. Ich aber habe gefroren, denn ich bin in Brasilien geboren, wo es am wärmsten ist: an der Küste. Deshalb ist es mir ganz recht, daß wir übersiedeln mußten. Er aber war gern oben und wirft mir jetzt noch vor, daß er meinetwegen hat umziehen müssen.

Und das kam so:

Im Bergstädtchen hatten wir das alte Pfarrhaus hinter der evangelischen Kirche gemietet. Den Pastorsleuten war es zu eng geworden, als ihnen das achte Kind geboren wurde, und so hatte ihnen ihre Gemeinde nebenan ein größeres Haus gebaut. Zum alten, das wir bezogen, gehörte ein weiter Garten, und ruhig war es auch – außer sonntags, wenn die Kirchenglocken läuteten, dann mußte ich heulen.

Bin ich aber erst einmal richtig im Heulen, kann ich nicht gleich wieder aufhören, und so hat sich der Pastor bei meinem Menschen beschwert, daß ich ihm in die Predigt heulte.

Das war der erste Ärger für meinen Menschen, denn nun mußte er an jedem Sonntagmorgen mit mir ausgehen. Ich war damit zufrieden, ihn aber hat es verdrossen, besonders wenn es regnete, und im Orgelgebirge kann es regnen wie unter der Dusche.

Dafür habe *ich* mich geärgert, daß ich nicht zu den Pastorskindern durfte, denn welche waren zwischen Vier und Sechs, wie ich sie am liebsten habe. Doch gleich beim ersten Besuch hat mich die Pastorsfrau mit dem

Besen aus dem Haus geprügelt und so hinter mir her geschimpft, daß man es bis in unser Haus hörte und mein Mensch böse auf mich wurde.

Eine gewalttätige Frau! Immer wieder hatte mein Mensch versucht, mit ihr auszukommen. »Der Nachbar hat immer recht«, ist seine ständige Redensart; aber nicht einmal er konnte es mit ihr aushalten. Brauchte sie etwas, schmeichelte sie ihm katzenfreundlich; wenn ihr aber etwas nicht paßte, keifte sie mit ihm fast so arg wie mit ihrem Mann.

Ihre Hühner waren immer in unserem Garten, und als ich einmal eins zauste, weil es frech genug war, sogar in die Küche zu kommen, rief sie die ganze Nachbarschaft zusammen und schrie mir und meinem Menschen alle Schande nach.

»Die hätte einen Schinder heiraten sollen und keinen Pastor«, hat mein Mensch damals gebrummt, aber bloß zu mir. Vor ihr machte er sich klein und sagte dem Pastor nur beiseite, daß die Küche eigentlich uns gehörte, weil wir sie doch gemietet hatten. Der Pastor faltete die Hände und machte nur »ts – ts« mit der Zunge, weil er noch mehr Angst vor seiner Frau hatte als mein Mensch.

»Ihre Gattin ist ein wenig nervös«, sagte mein Mensch und war kaum zu verstehen, weil sie draußen so tobte. Da hat der Pastor die Augen zum Himmel aufgeschlagen und geseufzt: »Jeder von uns muß sein Kreuz tragen ...«

Tags darauf ist die Frau wieder weinerlich gekommen und hat gejammert, das Huhn sei gestorben und koste 40 Cruzeiros, weil es doch ihre beste Legehenne gewesen sei. So eine wie die gäbe es nicht wieder. Dabei war es ein junger Hahn, das habe ich mit eigener Nase gerochen.

Als mein Mensch zahlte, ohne zu markten, hat sie noch dazugelogen, daß sie das Huhn habe verscharren müssen, weil ich es »gräßlich zerfetzt« hätte, und so haben nicht wir es gegessen, sondern die drüben. Das weiß ich, denn der Wind stand von ihrem Hause her, als sie es briet.

Eine Zeitlang hatten wir hernach Frieden, aber nicht lange. Nur bis zur feierlichen Hochzeit.

Es würde, sagten die Leute, die feierlichste Hochzeit werden, welche die Kirche je erlebt hätte. Der reichste Grundbesitzer des Städtchens sollte die Tochter eines Abgeordneten aus Rio heiraten. Alle sprachen davon.

Die ganze Woche vorher wurde die Kirche mit Blumen und Tüchern ausstaffiert, denn der Bräutigam hatte ihr eine neue Orgel versprochen. Dem Pastor habe er ein schwarzes Gewand aus feinstem Atlas machen lassen, hieß es, und viel Geld habe er ihm dazu gegeben, damit alles ja recht feierlich würde.

Abends hörten wir den Chor proben, bis es nicht mehr zum Aushalten war, und morgens sahen wir den Pastor vor seinem Hause auf und ab wandeln, wie er seine Predigt auswendig lernte.

»Wir gehen aus, Nick, sonst heulst du ihm hinein«, sagte mein Mensch, als die Glocken begannen, zur Hochzeit zu läuten.
Da aber war es schon zu spät, denn wir hatten keinen anderen Ausgang als über die Kirchentreppe, und auf der kam schon das Brautpaar emporgeschritten, und ihm folgten so viele Hochzeitsgäste, daß wir nicht mehr durchgekommen wären.
»O weh!« klagte mein Herr und hielt mir mit beiden Händen die Schnauze zu, damit ich nicht heulte.
Das konnte ich nun freilich nicht, weil man das Maul zum Heulen weit aufmachen muß und er mich kaum atmen ließ, aber *sehen* konnte ich durchs offene Fenster, wie sie so feierlich langsam die Freitreppe heraufschritten, während die Glocken läuteten und der Pastor in seinem Atlastalar vor der Kirchentür glänzte, den Kopf zur Seite geneigt und die Hände gefaltet.
Vorneweg schritten Bräutigam und Braut, er in Schwarz und sie in Weiß. Ganz weiß war sie, vom Myrtenkranz herunter bis zur langen Schleppe ihres Brautkleids. Die Schleppe trugen zwei kleine Mädchen, die auch ganz weiß gekleidet waren, von den Schleifen im Haar bis zu den Strümpfen und Schuhchen. Das sah besonders hübsch aus. Noch nie hatte ich so liebe weiße Kinder gesehen.
Da kam es über mich! Da konnte ich mich nicht halten. Ich nicht und mein Mensch auch nicht. Es war stärker als wir beide . . .

Hopp, war ich durchs Fenster und im Galopp die Treppe hinunter.

»Ein toller Hund!« schrie einer auf, und die Leute stoben auseinander wie ein Volk Rebhühner.

Hintennach lief die Braut, die Schleppe überm Arm, so daß man sah, daß sie auch weiße Strümpfe trug – bis über die Knie hinauf sah man die.

Die Leute liefen davon und schrien dabei; doch was scherten mich die Leute, und was scherte mich der Pastor, der immer noch wie versteinert oben stand! Schon war ich über dem einen weißen Mädchen her und schleckte ihm das Gesichtchen ab. Es fiel zu Boden und schrie, und sein Gesichtchen war heiß.

Das andere war leider fortgelaufen. Bevor ich ihm nachsetzen konnte, hatte mein Mensch mich schon am Halsband und riß mich die Treppe hinunter, die nun ganz leer war. Nur der Zylinderhut des Bräutigams lag auf ihr, und mein Mensch wäre fast über ihn gefallen, so eilig hatte er es.

Die Straße war voll Autos, die alle hupten, um fortzukommen, aber das konnten sie nicht, weil eines dem andern in den Weg fuhr. Es war ein wildes Durcheinander, und niemand achtete auf uns. So kamen wir ohne Prügel davon.

Nicht weit von uns wohnten Freunde. Zu denen ist mein Mensch so schnell mit mir gelaufen, daß er ganz außer Atem war, als er ankam, und kaum sprechen konnte. Nur, daß er mich eine Weile dort lassen wollte, brachte er heraus. Er hat mir richtig leid getan. Nicht einmal ausschimpfen konnte er mich, so keuchte er.

Dann ist er gleich zur Kirche zurück, um sich zu entschuldigen.

Was er dort zu hören bekommen hat, weiß ich nicht, aber er war betrübt, als er zurückkam.

»Die lassen es sich nicht ausreden, daß ich es absichtlich getan habe«, hat er gejapst, und seine Freunde wollten sich vor Lachen ausschütten. Er aber hat nicht mitgelacht; dazu war er zu niedergeschlagen.

»Das Haus muß ich sofort räumen«, klagte er, »und dabei habe ich es für ein Jahr vorausbezahlt.«

»Dann bleibst du eben. Sei ein Mann!« sprach ihm sein Freund Mut zu. »Was ist denn weiter geschehen? Die heiraten eben später.«

»Wenn es sich der Bräutigam inzwischen nicht anders überlegt«, hat seine Frau gegluckst, denn vor Lachen konnte sie kaum sprechen.

»Der Polizei haben sie auch schon telefoniert, und der Nick soll abgetan werden«, hat mein Mensch gejault. »Was mache ich nur? Was mache ich nur?«

»Einen großen Kognak trinken«, hat ihm sein Freund geraten und gleich einen eingeschenkt.

In der Tat: der Kognak hat meinen Menschen zur Vernunft gebracht. Beim Trinken haben sie dann beraten, was zu machen sei, und unterdessen hat mir die Frau einen Topf Essen zurechtgemacht. Schieres Fleisch. Es ist eine gute Frau.

»Der Nick muß weg, sonst bringen sie ihn um!« Darauf hat mein Mensch bestanden. »Und ich muß auch weg. Das Wasser hat mir die Pastorin schon abgeschnitten.«
»Das darf sie nicht!« hat sich der Freund entrüstet. »Das ist verboten. Außerdem hast du Kontrakt.«
»Kontrakt ...«, hat mein Mensch bitter wiederholt. »Kennst du die Pastorin? Die schnitte mir am liebsten den Hals ab, nicht nur das Wasser. ›Kirchenschänder!‹ hat sie mich geschimpft und gedroht, sie bringt mich ins Zuchthaus.«
»Es war doch nur auf der *Treppe*, nicht in der Kirche«, hat sein Freund begütigt. »Aber vielleicht ist es wirklich besser, du verschwindest. Schon Nicks wegen. Der Bräutigam sitzt im Gemeinderat, und die Polizei tut, was er will. Und vor dem Pastor haben sie Angst, obzwar er gar kein richtiger Geistlicher ist, sondern nur so eine Art Prediger aus einem Schnellsiedekurs; aber er hat Einfluß bei den Wahlen, und von seiner Frau glauben sie, daß sie hexen kann. – Am sichersten seid ihr unten in Rio. Dort seid ihr über der Staatsgrenze, und dort tut euch keiner was. Ich fahre euch gleich im Auto hinunter ins Hotel. Wenn du erst wieder eine Wohnung hast, holst du deine Möbel.«
So haben wir es auch gemacht.
Im Hotel war das Essen gut und reichlich, aber meinem Menschen war es zu teuer, und mir hat der Auslauf gefehlt, denn hinaus kam ich nur, wenn ich mußte.
Nun, wir haben wieder ein Haus gefunden – das am

Waldrand, wo wir jetzt wohnen – und so ist alles gut ausgegangen. Nur: feierlich war die Hochzeit nicht, eher stürmisch.

Nun habe ich Dir berichtet, lieber Seppli, wie viele Plage meine Kinderliebe schon über mich gebracht hat und über meinen Menschen auch. Aber ich habe Kinder nun einmal lieb, das liegt mir im Blut, und daran ist nichts zu ändern. Daß Du sie nicht leiden kannst, ist Deine Sache – ich kann nicht gegen meine Natur.

Hoffentlich gefällt Dir dieser Brief besser als der vorige und beleidigt Dich nicht wieder.

Mit diesem Wunsch hebt sein Bein auf gutes Einvernehmen

Dein Freund *Nick*

Ich bin vorbestraft

Lieber Nick,

Deinen Brief habe ich verspätet bekommen.

Sonst warte ich immer auf den Briefträger, um ihn anzubellen, weil er so verdächtig nach allerlei riecht, und höre dann Deinen Brief, gleich nachdem mein sie-Mensch ihn bekommen hat. Diesmal aber war ich nicht da – die Polizei hatte mich verhaftet.

So ist das Leben: Dich hat die Polizei gesucht und nicht bekommen, und mich hat die Polizei nicht gesucht und verhaftet.

Jetzt bin ich vorbestraft.

Die ganze Nacht war ich auf der Polizeiwache und bin erst am Morgen entlassen worden.

Als ich endlich heimkam, war ein Wirbel, wie er nicht wilder hat sein können, als Du die Hochzeit auseinanderjagtest. Meine Menschen haben mich umarmt und geküßt, und die Köchin hat geschluchzt. Sogar mein er-Mensch war gerührt, was er sonst nie ist, und hat mir ganz offen Schinken aus dem Kühlschrank geholt Dabei hatte ich schon auf der Polizeiwache eine ganze Cervelat bekommen, bevor mich der Detektiv heimbrachte.

An einer Schnur brachte er mich, denn als ich verhaftet wurde, hatte ich kein Halsband um. Leider! Sonst hätte der Polizist meine Nummer von der Hundemarke abgelesen und gleich gewußt, wohin ich gehöre.

Daß ich ohne Halsband hinauslief, war *meine* Schuld, aber meine Menschen streiten jetzt noch, wer von *ihnen* daran schuld ist: die Köchin hatte es mir abgenommen, bevor ich im Schlafkorb war – und das soll sie nicht –, mein er-Mensch hatte die Haustüre offengelassen, nachdem er mich vor dem Schlafengehen ausgeführt hatte – und das soll er nicht –; und mein sie-Mensch war ins Kino gegangen, ohne nach mir zu sehen – und das soll wieder sie nicht.

Deshalb haben sie erst am Morgen entdeckt, daß ich

weg war – schon lange weg, denn die Decke in meinem Schlafkorb war noch glatt, und sonst zerzause ich sie, um richtig zu liegen.

Immer wieder haben sie mir vorerzählt, *wo* sie mich überall gesucht haben: im ganzen Haus natürlich; dann bei den Nachbarn; das Tierspital haben sie gefragt, ob ich unter ein Auto geraten sei, und dem Tierschutzverein haben sie telefoniert, ob mich jemand abgegeben habe; dem Hundefänger, ob er mich erwischt habe, und den Menschen der Sealyham-Hündin, ob mich die Sehnsucht dorthin getrieben habe (wobei herausgekommen ist, warum sie damals gescheckte Junge geworfen hat). Alle Welt haben sie gefragt, wo ich bin, nur die Polizei nicht, und das wäre doch das einzig Vernünftige gewesen. Denn wozu sonst ist die Polizei da?

Als ich zurückkam, hatte die Köchin schon gekündigt, mein er-Mensch getobt und mein sie-Mensch geweint: so hatten sie sich meinetwegen zerstritten.

Doch als sie mich sahen, war alles wieder gut. Es hat mir das Herz gewärmt, wie lieb sie mich haben. Nie wieder will ich ohne Halsband aus dem Hause! So selbständig wie Du bin ich eben nicht.

Eigentlich wollte ich bloß in den Garten laufen, bevor ich schlafen ging. Auf die Straße hinaus bin ich nur, weil von dort ein Pfützchen hereinduftete, das eine Hündin gerade vor unserer Gartentür abgesetzt hatte. Sie muß genauso weit gewesen sein, wie sie sein soll. Da kann ich nur mit Dir ausrufen, es war stärker als ich!

Nachdem ich mich am ersten Pfützchen satt geschnuppert hatte, habe ich dem zweiten nachgespürt und dem dritten – Du weißt, wie oft sich eine liebe Hündin unter solchen Umständen in Erinnerung bringt –, und so hat mich die duftende Spur erst unsere Gasse hinabgeführt und dann noch eine und noch eine, bis ich dort war, wo die Wohlriechende in ihr Haus gegangen war: das letzte Pfützchen war auf der Schwelle.
Leider war das Tor schon verschlossen, denn es war spät am Abend, und so habe ich mich zu zwei anderen Hunden hingesetzt, die dort schon gewartet haben: einem Zwergschnauzer und dem größten Neufundländer, den ich je gesehen habe, einem wahren Berg von einem Hund.
Erst haben wir nur gewinselt; als aber das nichts half, haben wir angefangen zu bellen: erst der Neufundländer so tief aus seiner mächtigen Brust heraus wie das Nebelhorn des Schiffes, das mich als Puppy aus England gebracht hat; dann der Zwergschnauzer so hoch, daß es mehr Kläffen als Bellen war; dann ich, wie es sich gehört, und schließlich dreistimmig alle zusammen. Hätten wir wenigstens gewußt, wie groß sie war! Denn auf die Größe kommt es an, und wäre sie dem Neufundländer gewachsen gewesen, hätten wir zwei Kleinen heimlaufen können, während wiederum der Neufundländer nicht zu warten gebraucht hätte, wenn wir beide uns um sie gebissen hätten. Aber nein, sie kam nicht und kam nicht; sie bellte nicht einmal.

Wir hatten ihr schon eine ganze Weile unser Ständchen gebracht, als sich über uns ein Fenster auftat und ein Guß Wasser herunterplatschte.

Welch eine Menge Wasser! Es muß ein Eimer voll gewesen sein, und da wir nebeneinandersaßen, bekamen wir ihn alle drei.

Nein, *wie* sind wir auseinandergestoben! Wie die Hochzeitsgäste, die Du verjagt hast. Fürchterlich kalt war das Wasser! Gemeine Menschen hat die Hündin . . .

Ich lief, bis mir der Atem ausging, so erschrocken war ich, und als ich mich endlich wieder gefaßt hatte, fand ich mich irgendwo in der Stadt, wo ich noch nie gewesen war. Dazu bei Nacht!

Kein Mensch weit und breit. Ich bin nicht wie Du, der nachts durch den Wald streunt, ohne sich zu verirren. Ich bin nur ein Stadthund, und so irre ich ratlos durch die einsamen, fremden Gassen.

Endlich kam mir frische Menschenwitterung in die Nase, und als ich ihr nachlief, holte ich einen Polizisten ein, der seine Runde machte. Er war keiner von denen, die bei uns vorbeikommen – die kenne ich und die kennen mich –, sondern ein fremder in einem fremden Quartier. Irgendwohin würde auch er mich führen, hoffte ich, und so lief ich wedelnd neben ihm her.

»Lauf heim, Kleiner«, sprach er mir freundlich zu und klopfte mir den Rücken. Dabei aber machte er sich die Hand naß, und das verdroß ihn. »Marsch, nach

Hause!«, befahl er. Ich aber war froh, daß ich bei ihm war, denn ein Polizist ist besser als gar kein Mensch, und so sprang ich an ihm hoch und machte ihm auch die Hosen naß.

Da wurde er ärgerlich und schimpfte mich »Ferkel!« und wollte mich am Halsband fassen, aber es war keines da.

»Was? Nicht einmal eine Steuermarke hast du, Vagabund?« entrüstete er sich und hob mich am Nackenfell hoch. »Du kommst mit auf die Wache!«

So also bin ich verhaftet worden.

Auf dem Arm hat er mich in die Polizeiwache getragen und sich damit auch den Waffenrock naß gemacht. Es nützte nichts, daß ich ihm das Gesicht leckte; er wurde nur immer zorniger.

Als er mich auf der Wache ablieferte, hat er furchtbar geschimpft.

Dort aber saß, zu meinem Glück, ein Beamter vor dem Schreibpult, der verständiger war als er. Jedenfalls verstand er etwas von Hunden. Als mich der Polizist vor ihn hinsetzte und brummte: »Der verdammte Fixköter hat mir die ganze Uniform versaut«, hat er auf den ersten Blick erkannt: »Das ist kein Fixköter, Heiri, das ist ein Scotchterrier, und ein schöner dazu.«

»Ein Frosch-Terrier, naß wie er ist, und stinken tut er auch«, hat der Polizist geknurrt. »Ich habe ihn ohne Steuermarke auf dem Lindenhof aufgelesen, und je eher er abgetan wird, desto besser. – Nimm du das

Protokoll auf, ich muß mich saubermachen.« Damit ist er hinaus, und ich habe ihn nicht wiedergesehen. Ein miserabler Polizist! Ich möchte wirklich wissen, wofür ich Hundesteuer zahle.

Der am Schreibtisch war dafür ein guter Polizist. Er hat sein Handtuch hervorgeholt und mich damit trockengerieben, und er hat mir aus seiner Thermosflasche Milchkaffee in eine Tasse gegossen – in seine eigene, glaube ich, denn eine andere war nicht da. Auch Semmel hat er noch hineingebrockt. Er muß mir angesehen haben, wie hungrig ich nach all dem Herumlaufen war.

Während ich den Kaffee schleckte, kamen zwei Polizisten mit einem Betrunkenen, der um sich schlug, bis sie ihn in eine Zelle gezerrt hatten, und hernach ein Polizist mit einer Menschin, die keifte, sie habe den Herrn nicht angesprochen, sondern der Herr sie, und seit wann, in Dreiteufelsnamen, es in Zürich verboten sei, auf eine freundliche Frage eine freundliche Antwort zu geben. »Fangt ihr lieber Diebe!« kläffte sie. »*Ich* tue wenigstens was für den Fremdenverkehr.«

Man lernt so manches auf der Polizei, und ich wäre gern in der Wachstube geblieben. Doch der Schreibtisch-Beamte mochte befürchten, daß ich nichts Gutes dort lerne, und machte mir in der entlegensten leeren Zelle eine Schlafdecke zurecht. »Gute Nacht, Scotty«, wünschte er mir und fügte noch höflich hinzu: »Wenn du etwas brauchst, bell! Morgen werden wir schon herausbekommen, wem du gehörst.«

Nach all der Aufregung schlief ich lange, und am Morgen telefonierte die Polizei herum und erfuhr, daß meine Menschen auch telefoniert hatten.
Der Detektiv, der mich aus der Zelle holte, wußte schon: »Du gehörst auf den Zürichberg, Seppli.« Denn meinen Namen hatte er auch schon festgestellt. Da er ein Polizist ist, bemerkte er streng: »Das kostet Buße, wenn du keine Hundemarke hast.«
Sonst aber war er brav, denn er hat mir eine ganze Cervelat aufgeschnitten, und daheim bekomme ich zum Frühstück nur Milch und Hundekuchen. Schließlich hat er mich heimgebracht, und da sind wir wieder beim Anfang des Briefs, daß meine Menschen sich unbändig gefreut haben, mich wiederzuhaben. Und ich war auch froh, daß ich sie wieder hatte.
Das ist mein Erlebnis, und jetzt bin ich vorbestraft, sagt mein er-Mensch.
Möge auch Dir Dein nächstes Abenteuer eine Wurst einbringen, lieber Nick!
Mit einem freundschaftlichen Spritzer auf unsere dickste Pappel wünscht Dir das

Dein *Seppli*

7 Von Mensch zu Mensch: ein toller Brief

Liebe Freundin,

diesmal kann ich den Brief nicht Nicks Augen ablesen, die er so aufmerksam auf mich richtete, wenn ich ihm den Dolmetsch machte.
Diesmal bin ich allein und in Sorge um ihn.
Schon seit zwei Wochen ist Nick in Quarantäne und wird, auch wenn alles gutgeht, noch lange dort bleiben müssen.
Nur durch ein doppeltes Drahtgitter kann ich seine guten topasbraunen Kugelaugen sehen, wenn ich ihn im Pasteur-Institut besuche, und sein Winseln macht mir das Herz schwer.
Doch was ist zu tun? Ich muß noch zufrieden sein, daß es nicht schlimmer ausgegangen ist. Er wäre abgetan worden, hätte ihn der tolle Hund gebissen. Aber Nick ist klug: er hat sich nicht beißen lassen, und nur der Verdacht, daß er etwas vom Geifer des Tollen abbekommen hat, erfordert seine lange Haft.
Hier ist die Tollwut leider recht häufig. Zwei-, dreimal wöchentlich warnen die Radio-Zeitungen, daß sich da und dort in der großen Stadt – vor allem in ihren ländlichen Außenquartieren – ein toller Hund herumtreibt, und fordern die Gebissenen auf, sich unverzüglich im Pasteur-Institut behandeln zu lassen.

Da die Pasteur-Injektionen stets helfen, wenn sie rechtzeitig verabreicht werden, sind, Gott sei Dank, die Fälle sehr selten, in denen Menschen tollwütig werden. Doch auch sie ereignen sich. Erst kürzlich ist ein kleiner Junge, der aus dem Hinterland ins Pasteur-Institut gebracht wurde, im Bahnabteil tollwütig geworden und hat Vater und Mutter gebissen.

Bricht die Krankheit in der Stadt aus, kann man den tobenden und um sich beißenden Patienten im Gitterbett des Spitals versorgen – zu helfen ist ihm nicht mehr. Auf dem Land aber muß man ihn umkommen lassen wie ein wildes Tier.

Tollwut ist eine fürchterliche Krankheit.

Ich hatte sie nur einmal beobachtet, vor vielen Jahren, als ich Nick noch nicht hatte – oder: er mich, wie es sich aus der Hundeperspektive darstellt, aber jetzt ist mir nicht nach Scherzen zumute.

Damals war es nicht die rasende Wut, sondern ihre schleichende Abart, die »stille«, die sich nicht so gewaltsam äußert, wenngleich sie nicht minder gefährlich ist.

Ich wohnte auf einer Insel bei Rio – doch was hat das mit Nick zu tun?

Was ist mit Nick los? werden Sie mich unterbrechen und fragen: warum belehren Sie, statt zu berichten?

Werden Sie nicht ungeduldig, liebe Freundin! Auch ich muß mich in Geduld fassen, bis ich Nick wiederhabe, und er fehlt mir an allen Ecken und Enden. Das Haus ist so leer ohne ihn ... Daß ich es so lange wie möglich aufschiebe, sein jüngstes Erlebnis zu schildern, liegt daran, daß es mich immer noch über Gebühr aufregt. Erlauben Sie mir also einige Vorbereitung. Mein Herz ist nicht mehr, was es war, und ich muß es zur Ruhe bringen, bevor ich darüber schreibe, ja, auch nur daran denke. Sonst träume ich wieder davon, und das gäbe wieder eine ungute Nacht.

Damals also wohnte ich auf der Gouverneur-Insel, die noch ländlich ist, was hierzulande bedeutet, daß sie von Hunden wimmelt. Selbst arme Bauern – ja, gerade diese – dulden drei, vier Hunde ums Haus, halbwilde Selbstversorger nach Art der »Waldhunde«, über die Nick berichtet hat. Als ich auf jener Insel wohnte, war die Hundesteuer noch nicht eingeführt worden (auch heute noch nehmen sie nur die wenigsten ernst).

Jetzt fahren zwar von Zeit zu Zeit Hundefänger ein Käfig-Auto durch die Stadt, doch die Angst läuft ihnen voraus, und bevor sie ankommen, haben sich die Hunde in Sicherheit gebracht. Von zehn Straßenhunden bringen sie höchstens *einen* zur Station der elektrischen Hinrichtung, und der ist meist ein gutgehaltenes und darum vertrauensvolles Tier, das von seinem Besitzer wieder freigekauft wird. Die Verwilderten und die Herrenlosen aber sind zu flink für die Lassos der Fänger.

Mehr als hundert, bisweilen mehr als zweihundert Menschen werden hier Jahr für Jahr von tollen Hunden gebissen.

Jener, den ich auf der Gouverneur-Insel sah, war ein dürrer, hochbeiniger Brauner von Airedale-Ähnlichkeit; ich kannte ihn vom Strand her, wo er sonst den Geiern die Reste angespülter Fische streitig machte.
Als ich Schüsse knallen hörte und hinzulief, hatte er sich in ein Stück Kanalrohr geflüchtet, das am Strande liegengeblieben war. Darin lag er, und sein halberhobener Kopf zitterte wie bei manchen alten Leuten. Von beiden Öffnungen schossen die Männer mit Revolvern nach ihm, und nach jedem Schuß splitterte Zement vom Rohr über sein Fell. Aber sie trafen ihn nicht, weil sie schräg zielen mußten, um einander nicht durchs Rohr hindurch in die Beine zu schießen. Erst als ein Vernünftiger sie von der einen Seite weggescheucht hatte, konnte der Hund erledigt werden. Er tat mir leid, weil er krank aussah und keineswegs wütend. Doch ergab die Obduktion, daß er in der Tat tollwütig gewesen war, nur eben »stillwütig«.
Das aber war der Hund, den Nick zur Strecke brachte, durchaus nicht.
Ich bin nicht so feige, wie ich einem löwenmutigen Boxer erscheine – vorsichtig wohl, das wird man im Alter –; doch mir klopft das Herz jetzt noch über Gebühr, wenn ich an den tollwütigen Hund denke, der in seltsam torkelndem, doch schnellem Galopp vom Dorf her unsere Straße herauflief: ein stämmiger Grauer mit buschigem Schwanz. Wie ein großer Spitz sah er aus. Es war ein fremder Hund, der von weit her

gekommen sein muß, denn bis heute kennt keiner seinen Herrn.

... Es war in der Abendkühle, kurz vor Sonnenuntergang. Ich saß im Pyjama auf der Veranda und blickte über den Vorgarten auf die Straße, wo die Buben, wie gewöhnlich um diese Stunde, Fußball spielten: mehr als ein Dutzend Neger- und Mulattenjungen, barfüßig, die meisten bloß in Badehosen, von kaum sechsjährigen dürren schwarzen Teufelchen an bis zu Halbwüchsigen, die von der Arbeit gekommen waren.

Vom Dorf zu meinem Haus steigt die Straße stark an, so daß das untere Goal schon der Schwerkraft wegen mehr Bälle abbekommt als das obere. Dieses ehrenvollere untere »Tor« – oder, genauer gesagt, den Zwischenraum zwischen einem Palmwedel und einem Ziegel, die es markierten – hatte Nick zu verteidigen.

Es war ein Vergnügen, ihm zuzusehen, wie flink und geschickt er den anfliegenden Gummiball mit dem Leib stoppte oder gar mit dem Kopf zurückstieß. Man sollte eine Fußball-Mannschaft von Boxerhunden zusammenstellen: sie haben eine natürliche Veranlagung für dieses Spiel.

Sehen Sie, liebe Freundin, ich bin wie Nick: schon wieder auf einer Nebenspur, statt die Hauptfährte zu verfolgen.

Den Kopfsprung in die Tatsachen endlich! Auch wenn sie mir in der Erinnerung noch Herzklopfen machen:

Ich blicke also auf Nicks Tor die Straße hinab und sehe

den grauen Hund auf unsicheren Beinen hochhetzen, wobei er den Kopf von einer Seite auf die andere wirft und in die Luft schnappt.
Hinter ihm – an die fünfzig Schritt hinter ihm – sehe ich Leute laufen und höre sie auch schon schreien: »Meninos, olha!« – »Aufgepaßt, Buben!« – »Cachorro danado!« – »Toller Hund!«
Vorneweg läuft, so dick sie ist, die Hebamme und schwenkt die Arme. Ihr Diskant überschreit die andern: »Juão! António!« – das sind ihre beiden Buben, die oben Fußball spielen – und: »Cosmo e Damião!« – das sind die Zwillingsheiligen der Neger.
Hinter ihr läuft, die Repetierpistole vorgestreckt, der Polizist, dessen Ältester oben Fußball spielt, und brüllt, sie sollen ihm aus der Schußlinie. Aber schießen konnte er doch nicht auf *die* Entfernung – im Laufen noch dazu!
Nun ist der Hund so nahe, daß ich weiße Flocken von seinem Maul wehen sehe. »Nick!« rufe ich, »Nick!« – und weiß dabei, es ist zwecklos; er ist im Spieleifer, und sein Appell ist auch sonst nichts wert.
Die Buben, die um den Ball raufen, horchen erst auf, wie der tolle Hund schon am untern Goal ist.
Gott weiß, was geschehen wäre, hätte der Graue sich in dieser Schrecksekunde auf sie gestürzt. Doch in seiner stolpernden Hast hat er den Palmwedel umgerissen, der als Torstange dient, und die Berührung macht ihn rasend.

Er schnappt nach den Fiedern und verbeißt sich im Stengel. Den schleudert er um sich, und in dieser Zeit sausen die Geweckteren davon. Ein paar klettern wie Affen an den Palmstämmen hoch, andere springen über meinen Gartenhag auf die Veranda.

Wie der Tolle den Palmwedel beiseite schleudert, sind nur noch kleine Negerbübchen auf der Straße, die nicht erfassen, was los ist.

Und *Nick* ist noch dort. Nick flüchtet nicht.

Mit breiter Brust steht er zwischen den Kindern und dem tollen Hund.

Schnappend stürzt sich der Graue auf ihn.

Doch Nick springt beiseite, einem Boxer gleich, der sidesteppt, und wie der Tolle an ihm vorbei die Kinder anspringen will, schlägt er ihm die Beine unterm Leib weg. Wie die Fäuste eines Boxers sind seine Vorderpfoten vorgeschnellt.

Der Tolle überschlägt sich, stürzt auf den Rücken.

Mir stockt der Atem. Jetzt, weiß ich, wird Nick sich über ihn stellen, um ihn an der Kehle zu packen, und dabei den Biß von unten bekommen! Den riskiert er immer – nur wird er diesmal tödlich sein . . .

Doch Nick tut nichts dergleichen. Nick tut das einzig Richtige: er springt zurück, hält sich außer Reichweite der schnappenden Kiefer, tänzelt um den Grauen herum, und sowie der sich aufgerafft hat, schlägt er ihm, seitlich vorspringend, zum zweitenmal die Vorderläufe gegen die Beine.

Zum zweitenmal stürzt der Graue.
Es ist zum letztenmal.
Ein Schuß knallt, und der Kopf des Grauen sinkt zu Boden.
Aus kaum zwei Meter Entfernung hat ihm der Polizist die Schläfen durchschossen.
... Auf der Straße streckt sich sterbend der Tolle. Neben ihm liegt die Hebamme, die der Polizist allzu hart beiseite gestoßen hatte.
Tumult, Geschrei. Ein Wirbel von Dörflern.
Ich merke nicht viel davon. Ich habe Nick am Halsband und zerre ihn zu mir ins Haus.
... Der erste, der hereinkommt, ist Pedro, der Gemüsehändler. Sein Auto steht auf der Straße, den Kasten voll Bananen. Er muß gerade zum Schlußakt gekommen sein. »Glück und Segen, Freund Ricardo!« keucht er. »Welch ein Hund!«
Weiter oben auf der Straße haben seine Kinder gespielt, stößt er hervor – ich hatte sie nicht einmal gesehen ... Ich kann mich kaum aus seiner Umarmung retten, und die Hebamme wartet auch schon mit offenen Armen. »Freund Pedro«, bitte ich, meine Chance wahrnehmend, »können Sie mich in die Stadt fahren? *Gleich*? Ich muß ins Pasteur-Institut.«
»Sie?« verwundert er sich. »Sie sind doch auf der Veranda gesessen ...«
»Ich schon, aber *Nick* kann etwas abbekommen haben. Es ging alles so schnell ...«

Schon hat er mich und Nick neben sich auf der Führerbank des Autos verstaut, und wir rattern straßenab in die Stadt, ich im Pyjama, der Kasten voll Bananen, und Nick glücklich über die unverhoffte Autofahrt.
Im Pasteur-Institut müssen sie allerhand gewohnt sein. Nicht einmal gewundert haben sich die Herren im weißen Kittel über die seltsame Fuhre.
Im Nu hat Nick seine große Spritze Serum im Bauch, und Pedro und ich hätten beinahe auch eine abbekommen. »Zur Vorsicht«, meinte der Arzt, und wir hatten unsere liebe Not, ihn abzuwehren.
Dann sperrten sie Nick in einen Käfig, was wahrlich ein schlechter Lohn für das war, was er geleistet hatte, und wir fuhren zurück.
Bergauf läuft Pedros Auto ungern, und so war es, als wir heimkamen, dunkle Nacht und still geworden.
Das also ist Nicks jüngstes Abenteuer, liebe Freundin, und wir wollen hoffen, daß es nicht sein letztes war. Ich fühle mich so einsam ohne den lieben Kerl.
Zwar sagte mir heute der Tierarzt im Pasteur-Institut, daß die kritische Zeit verstrichen sei und Nick »befriedigenden Appetit« zeige, doch dauere die Inkubationsfrist bisweilen länger, und um sicher zu sein, müsse Nick noch viele Spritzen bekommen.
Die Sorge bin ich also noch nicht los, und Seppli wird auf Nicks nächsten Brief lange zu warten haben; denn im Pasteur-Institut wird Nick kaum einen Dolmetsch finden.

Mein eigener Arzt ist in letzter Zeit nicht recht zufrieden mit mir. Er meint, die dreizehn Tropenjahre hätten mein Blut allzusehr verdünnt, und empfiehlt mir zur Auffrischung ein, zwei Jahre Europa.
Nun, mein Haus in Locarno wartet all die Zeit auf mich. Deshalb benütze ich die Besuche, die ich Nick in der Stadt mache, auch dazu, eine lange Europa-Reise vorzubereiten. Da gibt es viel zu ordnen, und Nicks Dokumente machen mehr Umstände als meine. Denn selbstverständlich nehme ich ihn mit.
Das nächste Schiff nach Nicks Entlassung soll uns nach Europa bringen.
Wenn ich Sie dort wiedersehe, liebe Freundin, wird das Nicks Verdienst sein, denn ohne sein Abenteuer hätte ich mich kaum mehr zu diesem Entschluß aufgerafft.
Auf Wiedersehen, also, so Gott will und mir meinen Hund gesund erhält!

Stets Ihr *Ricardo*

Von Mensch zu Mensch: machen Sie ein Buch daraus!

Lieber Freund,

Ihren Brief habe ich mit Angst begonnen, und indem ich ihn nun mit Erleichterung beende, rufe ich Ihnen wie Pedro zu: welch ein Hund!

Geben Sie Nick in meinem Namen eine Cervelat, wie Seppli sie auf der Polizeiwache bekommen hat – nein, geben Sie ihm *zwei*! Er ist ja um so viel größer als Seppli, und sein Magen sollte entsprechend geräumiger sein.

Ja, das war ein dramatischer Brief, und ich habe Sie ein wenig im Verdacht, daß Sie seinen Höhepunkt nicht Ihres Herzklopfens, sondern meiner Spannung wegen an den Schluß verlegten. Denn Sie sind Schriftsteller, und die Katze läßt das Mausen nicht.

Darum kommt mir, wenn ich die Korrespondenz unserer Hunde überdenke, der Wunsch, die Briefe, die wir zum Spaß begonnen und in halbem Ernst fortgeführt haben, auch anderen mitzuteilen. Kurz: machen Sie ein Buch daraus!

Ich weiß, es gibt schon viele Hundebücher, fast zu viele. Doch sie schildern den Hund vom Standpunkt des Menschen aus und bestärken uns darin, den lieben Hausgenossen *unserer* Bequemlichkeit anzupassen. So nützlich ihre Ratschläge sind, wie er am dienlichsten zu erziehen, am rationellsten zu füttern und am heilsamsten zu pflegen sei: wie *er* sich dazu stellt, macht den Verfassern wenig Kopfzerbrechen.

Uns ist es nicht gelungen, aus Nick und Seppli die gehorsamen Musterexemplare zu machen, auf die solche Bücher abzielen. Ich für mein Teil möchte das auch nicht. Wollte ich einen exemplarisch folgsamen Hund: ich kaufte mir einen auf vier Rädern mit einer Schnur zum Ziehen. Dann gibt es Bücher, welche die Vorzüge (wenn auch kaum je die Nachteile) der vielen verschiedenen Hunderassen schildern und uns mit schönen Worten und Fotos in der Herreneitelkeit bestärken, nicht nur einen treuen Freund, sondern auch eine gute Kapitalanlage zu besitzen. Die Hundebücher der Tierpsychologen schließlich bemühen sich mit Menschenlogik ums Verstehen der Hundegefühle. Das aber ist, fürchte ich, ein fragwürdiges Unterfangen, das ich nur deshalb nicht aussichtslos nenne, weil unsere Hundekorrespondenz im Grunde das gleiche anstrebt.

Immerhin begnügen wir uns mit den Berührungspunkten hundlichen und menschlichen Denkens, und daß es solche in der Tat gibt, erweist seit jeher die Freundschaft zwischen Mensch und Hund.

Daß manche Tierpsychologen tiefer bohren und mit wissenschaftlichen Methoden auch das zu erklären versuchen, was wissenschaftsfremdem Hundedenken zugehört, verleidet mir ihre Bücher. Da doziert einer, der

Hund benetze den Eckstein, »um von ihm Besitz zu ergreifen« (welcher Hund hat ihm das gebellt?); ein anderer will mir weismachen, der Hund kenne das Antlitz seines Herrn nur aus Kniehöhe als verschwommenen weißen Fleck, da sein Sehvermögen schwächer ist als das unsere (hat sein Hund noch nie mit ihm auf dem Sofa gelegen?); ein dritter schließt aus der Zu- und Abneigung von Hunden untereinander, daß der spitz- und damit schakalähnliche Chow-Chow vom Wolf abstamme, während ausgerechnet der Wolfshund, der dem Wolf zum Verwechseln gleicht, »schakalblütig« sei; und so fort und so fort bis ins Absurde.

Wir beide sind nicht so spitzfindig; wir haben unser Leben lang Hunde gehalten, weil wir sie liebhaben, und das ist die einzige Grundlage unserer Kenntnis. Doch gibt es nicht viele gleich uns? Für die wäre Ihr Buch bestimmt. Hinzu kommt, daß uns Nicks und Sepplis Briefwechsel – ach, wie verächtlich werden die Tierpsychologen schon über das Wort »Briefwechsel« die gelehrte Nase rümpfen! – Gelegenheit gibt, unsere menschlichen Schwächen aus der Hundeperspektive zu sehen. Diesmal sollte der Hund nicht *uns*, nein, wir wollen *ihm* gehören.

Aus all diesen Gründen schlage ich Ihnen vor, aus Nicks und Sepplis Korrespondenz ein Buch zu machen.

Mein Bedenken wäre nur, daß die Briefe, die während geraumer Zeit und nur dann geschrieben wurden, wenn es etwas Besonderes zu berichten gab, pausenlos gelesen

ein allzu gedrängtes und damit abenteuerliches Bild zweier im Grunde beschaulicher Hundeleben ergäben. So wahr sie wären: sie wirkten unwahrscheinlich.
Doch verhält es sich mit Menschen-Biographien anders? Drängen nicht auch sie ein ganzes langes Leben auf ein paar Stunden Lesezeit zusammen?
In jedem Menschen, heißt es, steckt *ein* gutes Buch: sein eigenes Leben. Sollte das nicht auch auf den Hund zutreffen?
Wenden Sie also, lieber Freund, da Sie nun einmal Schriftsteller sind, die Tricks Ihres Metiers ans Leben unserer Hunde! Doch nicht *alle* Tricks, wenn ich mir einen Rat gestatten darf. Da wir Nick und Seppli nun einmal sprechen ließen, sollten sie *natürlich* sprechen, nicht literarisch in langen Sätzen und eleganten Imperfekten; sonst wird Papier daraus statt Leben.
Und nun ans Werk! Das Happy-End hat Ihnen Nicks Heldentat sowieso gegeben.
Kommen Sie recht bald! Mögen Sie auch so zufrieden wie Nick damit sein, in Brasilien zu leben: Sie sind nun einmal Europäer! Daran ändert auch Ihr Faß nichts. Die neue Heimat sollte Sie die alte nicht vergessen lassen.
Auf baldiges Wiedersehen also, und vergessen Sie die zwei Cervelats für Nick nicht!
In alter Freundschaft Ihre *Cori*

P.S. (ohne das kommt eine Frau nicht aus!): Mit den *Teppichen* hat Seppli recht gehabt. Der persische Händler, der uns einen alten Kurdistan verkauft hat – einen mit roten Rosen auf blauem Grund; er liegt jetzt im Fremdenzimmer, das Sie hoffentlich bald bewohnen werden –, kam gerade dazu, als ich den regennassen Seppli vom Teppich scheuchte. »Lassen Sie ihn doch«, riet er. »Bei uns in Persien breiten wir neue Teppiche erst einmal über die Straße, damit die Hunde und Kamele darüberlaufen. Das macht die Knoten fest und die Farben milde.« – Seppli hat die Ohren gespitzt und mich geradezu sprechend angesehen: »Siehst du!«

Lieber Seppli,
uff, war das eine schreckliche Zeit!

Du warst nur *eine* Nacht in der Zelle – wie viele Tage und Nächte *ich* eingesperrt war, weiß ich gar nicht mehr. Viele, viele …
Dazu in einem Käfig, wie die Jaguare bei Euch im Zoo. Da wäre mir sogar die Garage lieber gewesen.
Noch ist mein Kopf wirr, und die Glieder schmerzen mir vom langen Liegen. Dazu Spritzen in den Bauch, die weh taten …
Wie selten sah ich meinen Menschen, und nur von weitem …
»Nick«, winselte er, »lieber alter Nick!«
Wäre er wenigstens zu mir in den Käfig gekommen! Auch wenn er geschimpft hätte: ich bin doch an ihn gewöhnt …
Aber nur Männer in weißem Kittel schoben mir Essen und Wasser in den Käfig. Wollten sie mit der widerlichen Spritze zu mir herein, warfen sie mir vorher eine Schlinge um den Hals und fesselten mich ans Gitter.
Wozu das alles? Mein Mensch sagt, damit ich gesund bleibe. Aber der Tolle hat mich ja nicht gebissen.
Hab acht vor seinen Zähnen! Hat mich mein Blut gewarnt. Das war kein Hund, mit dem man sich beißt.

Das war überhaupt kein Hund mehr. Das war etwas ohne Sinn und Verstand. Zum Heulen war es, wie Vollmondschein.

Am liebsten hätte ich den Irren laufen lassen. Nur weg, weit weg! Aber da waren die Buben! Damit er die nicht beißt, habe ich ihn niedergeboxt.

Von seinen Zähnen habe ich keinen Ritzer abbekommen, glaube mir, Seppli! Vor denen bin ich beiseite gesprungen; vor denen hat mir gegraut.

Warum nur hat man mich eingesperrt? Ich werde nicht klug daraus. Aus meinem Menschen auch nicht. Kenne sich einer in Menschen aus!

Als er mich endlich abholte, ist er mir um den Hals gefallen.

Da war ich zum erstenmal aus dem Käfig hinaus und noch ganz benommen.

In einem weißen Zimmer hat mein Mensch auf mich gewartet. Der Schlimme war bei ihm, der mir die Spritzen gegeben hatte, und sagte, als man mich hereinführte: »Jetzt können Sie Ihren Hund unbesorgt mitnehmen, Senhor; er ist gesund, dafür bürge ich – hier ist das Attest und hier ist die Quittung für seine Behandlung.«

Er hat es zweimal sagen müssen, weil mein Mensch bei mir gekniet ist und ihm nicht zugehört hat.

Bevor mein Mensch aufstand, um zu zahlen, hat er zwei Würste aus der Tasche gezogen und vor mich hingelegt: »Von Seppli.«

Vielen Dank, lieber Seppli! Die Würste schmeckten doppelt gut nach dem faden Brei im Käfig. »Eine wissenschaftlich zusammengestellte Ration« hatte ihn der Fütterer genannt, als ich erst nicht essen wollte. Der Brei stank nach dem Zeug, das mein Mensch ins Badewasser gießt, wenn ich viele Flöhe habe. Mein Käfig stank auch danach und das weiße Zimmer auch.

Ja, das war eine stinkige Zeit! Immer noch trage ich ihren Geruch im Fell mit mir.

Aber sie ist vorbei, Seppli, sie ist vorbei! Und seither ist das Leben noch einmal so schön.

Nicht nur, weil ich laufen kann, wohin ich will, und wieder die Sonne fühle: nein, auch die Menschen sind jetzt lieb zu mir wie nie zuvor.

Als wir im Auto zurückkamen, hat das ganze Dorf auf mich gewartet, und die Buben haben »Viva!« gerufen, und der Polizeikommissar hat gesagt, ich bin der Ehrenhund, und die Hebamme hat geweint.

Auf unserem Küchenboden stand eine große Schüssel voll Fleisch und Knochen, die mir die Eltern der Fußball-Buben geschickt hatten, und ich habe gegessen, was in mich hineinging – und es geht mehr in mich hinein als zwei Cervelats.

Das schönste aber ist, daß ich jetzt in den Metzgerladen darf, sooft ich will, und wenn Lord knurrt, bekommt er einen Tritt.

Auch mein Mensch ist wie ausgewechselt. Hoffentlich bleibt er so; aber da habe ich meine Zweifel.

Als er mich gestern aus der Gefangenschaft heimholte, war er noch voller Liebe; aber schon heute hat er »Herunter!« geknurrt, als ich das famose schweinerne Schulterblatt, das mir der Klosterprior persönlich gebracht hat, auf dem Sofa essen wollte.
Zwar hat er sich gleich entschuldigt: »Pardon, Nick, dir ist noch alles erlaubt«, aber das »noch« hat mir zu denken gegeben. Menschen sind so unverläßlich.
Ja, das sind sie!
Soeben hat mir mein Mensch seinen Brief an Deine Menschin und ihren an ihn vorgelesen und dazu gesagt: »Freue dich, Nick, du kommst mit nach Europa und wirst Seppli persönlich kennenlernen ...«
Das wäre schon was zum Freuen – aber warum kommst nicht Du zu mir? Ich bin doch der Ältere. Warum soll ich nach Europa? Ich bin in Brasilien zu Hause, und das ist gut genug für mich. Was Du über den kalten Schnee berichtet hast, lockt mich wenig. Ich will nicht frieren; ich brauche Wärme.
Gerade jetzt soll ich fort, wo ich Ehrenhund geworden bin und in den Metzgerladen darf!
Menschen sind so unstet ... Nirgendwo halten sie es lange aus. Immer wollen sie anderswohin. Da sind wir beständiger. Haben wir uns einmal an ein Haus gewöhnt, möchten wir es so wenig wechseln wie unseren Menschen.
Schlimmeres kommt eben nach. Während er für mich schreibt, unterbricht er sich und überlegt: »Auf dem

Schiff wirst du in den Zwinger müssen, Nick; Hunde dürfen nicht in die Kabine.«

Ich blicke ihn voller Vorwurf an.

»Nur neunzehn Tage, Nick! Die gehen rasch vorbei. Kopf hoch!« will er mich trösten.

Nur neunzehn Tage! Erst die Garage, dann der Käfig und nun der Zwinger auf dem Schiff . . . Und freuen soll ich mich auch noch darauf!

Aber mich fragt ja niemand.

»Verlaß dich nicht auf Menschen! Sie taugen alle nichts«, sagt Fido immer, und recht hat er.

Bangen Herzens, so satt ich auch bin, beschnüffle ich Dich zum letztenmal brieflich, lieber Seppli. Wenn ich den Zwinger überstehe, werde ich es mit eigener Nase tun.

Dein wohlgeneigter Ehrenhund

Nick

TELEGRAMM

EHRENHUND NICK ZWINGERPASSAGIER CONTEGRANDE AUSSCHIFFUNG GENUA STOP WILLKOMMEN IN EUROPA STOP SCHINKENBEIN MIT VIEL FLEISCH DARAN RESERVIERT STOP ERWARTUNGSFROH

SEPPLI

Bitte beachten Sie die folgenden Seiten

Richard Katz

Spaß mit Hunden

Kunterbunte Hundekunde

Ullstein Buch 547

»Ich habe schon viele Hobbys gehabt, nur einem aber bin ich mein Leben lang treu geblieben: dem Hund«, schreibt der Autor über sein Buch. »Was wohl daher kommt, daß nichts mir so treu geblieben ist wie er. Lebte ein Hund so lange wie ein Mensch, könnte ich nur von einem erzählen. Da aber sein Leben so viel kürzer ist als das unsere, kann ich hier so mancher Gefährten trüber und heiterer Stunden gedenken, die neben mir hergetrabt sind. Wenn ich mich auf weiter Fahrt einsam fühlte, habe ich mich mehr nach einem Hund gesehnt als nach einem Menschen. Doch davon sei nicht die Rede, denn dies ist ein heiteres Buch, dem fröhlichen Wesen des Hundes gemäß, den uns die Vorsehung als Sorgenbrecher geschenkt hat.«

ein Ullstein Buch

Mary O'Hara

Mein Freund Flicka
Ullstein Buch 66

Sturmwind – Flickas Sohn
Ullstein Buch 176

Grünes Gras der Weide
Ullstein Buch 2645

Ein Sommer mit unseren Pferden
Ullstein Buch 2880

Das Herz nimmt alle Hürden
Ullstein Buch 20229

ein Ullstein Buch

Gerald Durrell

Meine Familie und anderes Getier

Ullstein Buch 2733

ein Ullstein Buch

Jerry, das jüngste der vier Kinder seiner leicht verrückten Familie, jagt in den Olivenhainen und Weingärten Korfus und den Wassern der Adria auf alles, was fleucht und kreucht, und scheut sich nicht, seine krabbelnde Beute ins traute Heim zu schleppen. Eine mitreißende Komödie vor einer paradiesischen Kulisse.